KB233121

미국인도 유학 가는 **중국 MBA**

아인북스는 (주)아인앤컴퍼니의 출판 브랜드입니다.

미국인도 유학 가는 **중국 MBA**

초판 1쇄 인쇄 2005년 8월 1일
초판 1쇄 발행 2005년 8월 10일

지은이 이학진
펴낸이 조철선
펴낸곳 (주)아인앤컴퍼니
등록번호 제22-2451호
주소 서울특별시 서초구 양재2동 275-1 삼호물산 A동 1816호
전화 02-589-0130
팩스 02-589-0131
E-mail books@einandcompany.com

인쇄 · 제본 (주)아트정글

ISBN 89-91042-09-0 03320

값 11,500원

10여 년 만에 세계 MBA 무대 전면에 부상한 중국 MBA 집중 탐구

미국인도 유학 가는

중국 MBA

엘칸토 중국법인 사장 이학진 지음

중국 MBA에 도전하는 한국의 젊은이들에게

박한진

KOTRA 중국지역본부(상하이무역관) 차장

《10년 후 중국》 저자

중국과 인연을 맺은 지 올해로 24년째입니다. 그동안 중국의 경제정보를 조사하고 분석하는 일에 몰두해왔고, 중국 현지 근무경험을 바탕으로 여러 권의 저서도 발간했습니다.

보고서를 쓸 때나 저서를 내놓을 때, 늘 머릿속을 떠나지 않는 생각들이 있습니다. 그 하나는, 한국의 대 중국 관계가 양적으로는 만족할 만큼 커졌지만 질적으로는 아쉬움이 남는다는 것입니다. 이는 우리가 중국의 실상을 정확히 이해하기보다는 선입견에 이끌리는 측면이 아직 강하기 때문일 것입니다. 다른 하나는, 중국은 다원적인 경제실체임에도 불구하고 우리는 늘 중국을 단일체로 인식해왔다는 것입니다.

저는 최근에 발간한 《10년 후 중국》에서 이러한 문제점들을 냉정한 시각으로 되짚어보았습니다. 중국이라는 실체를 제대로 이해하기 위해서는 넓디넓은 중국을 쪼개고 또 쪼개지 않으면 안 된다는 점을 지적했습니다. 중국은 이제 더 이상 하나의 중국이 아니며, 북경의 중국과 상해의 중국, 광주의 중국은 서로 다르다는 점을 깊이 인식해야 할 것으로 생각합니다. 이는 기업 현장에도 그대로 적용될 수 있을 것입니다. 단순히 중국전문가라기보다는 북경 전문가, 상해 전문가, 또는 중국 자동차 전문가, 중국 철강 전문가 등과 같은 다양한 전문가들이 필요한 시대가 되었습니다.

이런 상황에서 최근 들어 국내에 중국 MBA와 EMBA에 대한 관심이 높아지고 있음은 대단히 고무적인 일로 생각됩니다. 앞으로는 진정한 의미의 중국 전문가들이 많이 나올 수 있을 것이라는 기대도 갖게 됩니다.

"MBA 공부를 왜 하필이면 중국에서 하느냐"는 질문을 종종 받습니다. 미국이나 유럽으로 가야 하지 않느냐는 지적일 것입니다. 그러나 왜 중국 MBA에 관심을 두어야 하는지에 대해서는 그리 깊은 분석이 필요하지 않습니다. 앞으로 중국은 세계 최대의 경제실체가 될 것이라는 전망이 많습니다. 특히 중국과 떼려야 뗄 수 없을 정도로 밀접해진 우리나라 경제를 생각한다면 중국 MBA는 선택이 아니라 필수가 되어가고 있음을 알 수 있습니다.

"중국 MBA는 서구에 비해 학문적 깊이가 못하지 않느냐"는 이야기도 있습니다. 그러나 중국 대부분 대학의 MBA 교과과정은 철저하게 미국식 과정을 염두에 두고 진행되고 있습니다. 앞으로 우리가 중국을 십분 활용해야 한다는 시대적 인식에 비추어볼 때, 중국에서 MBA 과정을 이수하는 것은 중국에 대한 이해를 한 차원 높이는 기회가 될 것입니다.

복단대학 MBA 과정을 예로 들어 살펴보면(저는 복단대학 관리학원에서 박사과정을 마치고 학위 논문을 준비하고 있습니다), 복단대학 관리학원

MBA는 교과과정이 엄격하고 어렵기로 중국에서도 정평이 나 있습니다. 철저한 사전 조사와 준비가 없다면 입학은 물론 졸업도 쉽지 않습니다. 그러나 어렵고 힘든 만큼 중국에서는 모두가 인정하는 명문 MBA 과정입니다. 중국을 통틀어 모든 대학의 MBA 과정 이수자 가운데 복단대 출신자들이 최고의 몸값으로 대접받고 있다는 최근의 조사 결과는 복단대 MBA 과정의 위상을 잘 반영하고 있습니다.

이런 상황에서 이학진 엘칸토/예쁜(YEBBN) 중국법인장이 중국 MBA에 관한 책을 펴내게 된 것은 대단히 시의 적절한 일이라고 생각합니다. 이학진 총경리는 이 책에서 풍부한 중국 현지경영 경험을 살려서 중국 MBA에 대한 모든 것을 매우 현장감 있게 풀어놓았습니다.

이 책은 앞으로 한중 경제교류의 최일선에서 뛰고자 하는 한국의 젊은 이들이 중국 MBA 과정을 올바르게 이해하는 데 크게 도움이 될 것이며, 장차 양국 경제관계가 한 단계 발전하는 데도 일정 부분 기여할 것으로 생각합니다.

세계와 중국을 가슴에 품은 '新엘리트'들에게

중국 MBA에 대해 오래 전부터 자료를 수집하고 정리한 끝에 드디어 독자들 앞에 그 모두를 공개하게 되었다.

필자는 대만과 중국에서 15년 동안 공부하고 일을 해왔다. 몇 년 전부터는 중국전문가라는 소리를 듣기 시작하면서 여러 매체에 칼럼도 연재하고, 다양한 세미나와 강연회에서 강의도 했다. 그리고 얼마 전에는 중국 비즈니스의 성공 노하우를 담은 《13억의 중국 20억의 기회》라는 책을 내기도 했다. 그러면서도 무언가 부족한 1%를 느꼈다. 바로 그 부족한 1%가 이 책을 쓰는 동기가 되었다.

필자는 지난 15년간 중국과 관련한 일은 좋은 일이든 나쁜 일이든 거의 경험해보았다고 자부한다. 한국에서 대학을 마친 후 대만으로 날아가 대학원을 다녔고, 대학원을 졸업한 후에는 LG산전에 입사하여 번역, 통역, 기술 감사, 영업 등의 일을 했다. 그리고 동양엘리베이터로 회사를 옮김과 동시에 상해지사장으로 발령받아 중국 땅으로 건너왔다. 당시에 중국 전역을 돌아다니며 영업을 했던 경험은 지금도 큰 재산이 되고 있다. 그 후 엘칸토 총경리(사장)로 영입되면서 제조법인을 설립하고 생산현장을 누볐다. 이어서 유통법인과 무역법인을 설립하면서 중국 전역에 매장을 세우고, 운영하고, 새로운 브랜드를 개발하여 시장에 내놓았다. 그런 와중에 절망도 하고 환희도 하면서 중국을 배워왔다.

그러나 그 모든 경험도 회사가 커지면서 약점을 드러내기 시작했다. 주변의 기업들 또한 뭔가 알 수 없는 정체상태에 빠지는 모습을 볼 수 있었다. 그 원인을 분석해본 결과, 좀더 체계적인 경영기법이 부족하다는 점과 효과적인 인맥, 즉 관시를 갖고 있지 못하다는 점이 큰 문제였다. 갖고 있지 못하다면 적극적이면서도 자연스런 방법으로 찾아 발전할 수 있는 방법을 모색해야 할 것이다. 그 두 가지 문제를 동시에 해결할 수 있는 방법으로 찾아낸 것이 중국 MBA였다.

중국은 지금 가히 MBA 열풍에 휩싸여 있다고 할 수 있다. 중국경제의 발전에 발맞추어 세계적인 기업들이 중국으로 들어오고 있고, 그에 따라 세계적 수준의 MBA 과정들이 계속해서 세워지고 있다. 세계로 나가지 않더라도 중국 안에서 세계를 상대로 비즈니스를 할 수 있는 시대가 오고 있고, 서구로 나가지 않더라도 중국 안에서 세계 최고 수준의 MBA 학업을 경험할 수 있는 시대가 되었다. 발전하는 중국경제의 중심에, 그 미래에 중국의 MBA가 있다.

이런 이유로 필자는 오래 전부터 중국의 MBA 과정에 입학할 준비를 해왔다. 그리고 이제 입학을 앞두고 있다. 그동안 MBA를 준비하면서 모아온 각종 정보들과 분석자료, 느낀 점들, 그리고 MBA 선배들의 성공담과 실패담, 희망과 꿈을 독자들에게 전달하려고 한다.

이 책에서 소개하는 중국 MBA는 학생의 눈으로 바라본 MBA가 아니다. 그리고 이 책은 단순히 MBA를 소개하는 가이드북이 아니다. 이 책은 진정한 중국비즈니스 전문가가 되기 위해 끊임없이 노력하는 한 기업인이 미래를 준비하는 한국의 인재들에게 보내는 특별한 메시지다. 부디 이 책을 읽는 중국 MBA 준비생들 모두가 중국에서 학위를 받고 중국전문가로서 성공하기를 기원한다. 이제 중국은 여러분에 의해서 우리에게 다가오기도 하고 우리로부터 멀어지기도 할 것이며, 우리 것이 될 수도 있고 남의 것이 될 수도 있다는 점을 가슴에 잘 새겨야 한다.

책이 나올 수 있도록 끝까지 격려해주신 아인북스 사장님 이하 직원 여러분께 감사드리고, MBA 후배들을 위해서 좋은 글을 써주신 여섯 분께 지면을 빌어 머리 숙여 감사드린다. 그리고 책을 쓴다는 핑계로 멀리할 수밖에 없었던 친구들에게 미안한 마음과 감사의 마음을 전하며, 무엇보다도 이 책을 쓰는 동안 신경이 예민해 있던 필자의 짜증을 모두 받아준 아내와 사랑하는 아이들 동욱이, 혜린이에게 감사의 마음과 사랑을 전한다.

마지막으로, 멀리서 항상 좋은 책을 쓰라고 격려해주신 아버지, 어머니께 이 책을 바친다.

중국 상해에서
이 학 진

이젠 중국 MBA로 가자

15년 전 필자가 대만으로 유학을 갈 때 필자를 부러워하는 친구는 하나도 없었다. 타지로 떠나는 친구가 안쓰러워 울기도 하는 여자친구도 있었다. 그러나 필자보다 먼저 미국으로 유학을 떠났던 친구는 친구들의 부러움과 시기를 한 몸에 받았던 것을 기억한다. 그때는 미국에서 MBA를 하면 무조건 성공하는 것으로 생각했고, 현실적으로도 성공의 확률이 높았다.

그러나 지금 미국에서 MBA를 마친 그 친구를 부러워하는 친구들은 하나도 없다. 미국 MBA가 예전의 MBA가 아니기 때문이다. 미국에서 MBA를 졸업한 인재가 한국에 너무 많은 상황이어서 희소성이 없어졌고, 따라서 성공을 보장받지 못하게 되었다.

그러나 중국 MBA는 다르다. 세계적으로 중국경제의 중요성과 힘이 날로 커지고 있을 뿐 아니라, 우리나라와 중국은 경제적으로 밀접한 관계를 맺고 있으므로 중국에서 MBA를 한 우리 인재는 여러 분야에서 환영받을 것이 분명하다. 그리고 중국의 MBA는 설립된 지 얼마 안 되었고 졸업생 수도 얼마 되지 않아 그 희소성을 한동안은 인정받을 것이다. 또한 명문대학들의 MBA 과정은 중국 인재들의 집합소이자 양성소이다. 이런 모든 이유로 우리는 이제 중국 MBA로 관심을 돌려야 한다.

그럼 지금부터 우리가 중국 MBA로 가야 하는 구체적인 이유들을 몇 가지 살펴보도록 하겠다.

1. 중국 최고의 인재들 및 중국 경제를 이끌어가는 인물들과의 관시 형성

중국이란 나라에서 관시가 얼마나 중요하며, 중국사회 속에 관시가 얼마나 뿌리 깊게 박혀 사람들의 비즈니스와 일상을 좌우하고 있는지는 익히 들어 알고 있을 것이다. 지금 중국은 중국 국내에서 한걸음 나아가 화교를 중심으로 한 세계적 네트워크를 구성하고 있고, 그 네트워크는 자연스럽게 전세계를 잠식하고 있다. 이런 상황에서 우리가 넓은 의미의 화교권 인맥을 구성하지 못한다면 세계경제에서 낙오할 수 있다. 중국의 경제를 이끌어갈 인재들이 한자리에 모인 MBA야말로 그 우수한 인재들을 나의 인맥으로 만들 수 있는 훌륭한 기회가 될 것이다.

2. 한국의 대기업 인재들과의 인맥 구축

한국의 대기업에서는 정책적으로 자사의 직원들을 중국의 유수 MBA에 입학을 시키고 있기도 하다. 대표적인 기업이 삼성그룹으로, 이미 여러 명의 인재들이 중국 북경대, 청화대, 복단대 등의 MBA를 졸업하고 현직에서 왕성히 활동하고 있다. LG, SK 등 대기업에서도 중국의 MBA에 많은 직원들을 진출시키고 있다. 이런 분위기에서 중국 MBA에 입학하면 중국의 인재들뿐 아니라 한국의 주요 대기업의 인재들과도 효과적인 인맥을 구축할 수 있을 것이다.

3. 세계 최고 수준에 근접하는 교육환경

중국의 MBA 수업료는 중국의 경제상황과 비교하면 매우 비싼 편이다. 그러나 교수진의 면면과 교육수준을 보면 결코 비싸다고 할 수 없다. 그만큼 중국의 명문 MBA는 세계 최고 수준의 교육환경을 갖춘 것으로 인정받고 있다. 그리고 투자를 아끼지 않고 교육수준을 높여서 세계 Top MBA 랭킹에 들기 위해 경쟁적으로 노력하고 있다.

4. 영어와 중국어의 동시 습득

영어로만 수업을 하는 국제 MBA(IMBA)도 중국인 학생이 대다수를 차지하기 때문에 수업 중의 토론과 일상생활을 위해서는 중국어 습득이 필수다. 그래서 중국 MBA에서 공부를 하다 보면 세계 공통어인 영어와 세계 최대 인구가 사용하는 중국어를 모두 습득하게 된다. 실로 큰 장점이 아닐 수 없다.

5. 한국과 지리적으로 근거리에 위치해 있는 점

중국은 우리나라와 지리적으로 가깝기 때문에 투자되는 경비가 적고, 심리적으로 안정될 수 있으며, MBA를 시작하기 전에 근무하던 회사와의 관계를 돈독하게 유지할 수도 있다.

6. 경제적으로 한국과 지속적인 발전관계에 있는 점

최대무역국, 최대투자국 등 중국과 한국 간의 경제 공통수식어는 말할 수 없을 정도로 많다. 따라서 두 나라를 모두 잘 알고 있는 인재의 필요성은 어느 때보다 절실해졌다.

7. 한국기업의 폭발적인 중국 진출

제조업뿐 아니라 유통 및 서비스시장까지 개방되면서 중국으로 진출하는 우리 기업들의 수가 그야말로 기하급수적으로 증가하고 있다. 우리 인재들이 더욱 많이 필요해진다는 얘기다.

8. 유통시장과 서비스시장 개방으로 인한 전문 인재의 필요

중국에 진출한 제조업체의 경우 중국어를 할 줄 알고 몇 년의 경력이 있는 일반 직원으로도 관리를 할 수 있었다. 그러나 중국의 유통시장과 서비스시장은 그 시장을 제대로 알지 못하고는 백전백패하는 시장이다. 그렇기 때문에 중국에서 중국경제를 제대로 공부한 인재들이 이끌 필요가 있다. 그래서 MBA는 더욱 더 유망하다.

9. 저렴한 학비와 생활비

중국 MBA는 미국이나 유럽의 MBA에 비해서는 학비가 무척 저렴하다. 미국 MBA에 비해서는 평균 학비가 5분의 1도 되지 않는다. 뿐만 아니라 생활비도 미국이나 유럽보다는 훨씬 저렴하다. 이 또한 무시할 수 없는 장점이다.

우리나라의 중국 MBA 유학생 수는 아직은 미미하다. 미국과 유럽, 일본에는 많은 대학과 대학원에 유학생들이 있고 많은 경제학자들이 진출하고 있다. 그러나 중국에는 조기유학생들이나 대학을 가기 위해 진출하는 학생들이 대부분이다. 그것이 의미가 없다는 것은 아니다. 너무 그쪽에 치중되어 있는 것이 문제다. 중국을 이끌어갈 인재들이 모이는 중국 MBA로도 가야 한다. 지금이 기회다. 남들이 먼저 진출하여 선점한 후에는 진출해봤자 인센티브가 없을 것이기 때문이다.

필자는 15년 전에 대만에서 유학을 했다. 그때 대만의 한 유력 일간지와 인터뷰할 기회가 있었는데, 기자는 인터뷰 후에 "대만은 중국에서 격돌할 가장 중요한 경쟁상대국인 대한민국의 새끼호랑이를 안방에 데려와 키우고 있다"고 썼다. 왜 대만에 와서 중국어를 배우느냐는 질문에, 향후 중국시장이 개방되고 난 후 중국과 한국 간의 경제교류에 이바지하려고 한다는 요지의 답을 한 것이 그 이유였다. 그때 나는 대만에서 중국어를 공부하고 향후 중국과 한국의 교류에 있어서 1세대가 될 것이라고 답했다. 그런 각오로 인해 필자가 지금의 위치와 모습을 가질 수 있게 되었다는 사실을 독자들은 가슴 깊이 새겨야 할 것이다.

시간은 여러분을 기다리지 않는다. 자, 이제 중국 MBA로 가자!

PART
1

중국 MBA의 모든 것 · 18

今天我们桃李芬芳　明天我们是祖国的

중국 MBA의 모든 것

왜 중국 MBA인가 ?

1. 중국 MBA의 탄생과 발전

14년 전 중국에서는 조용하기는 하나 무서운 변화의 바람이 불고 있었다. 낙후된 경제시스템에서 벗어나기 위해 많은 노력을 기울이기 시작했으며, 그것이 대학으로도 이어져 서양의 MBA 과정이 도입되기 시작했다. 1991년, 청화대학을 비롯한 9개 대학에서 MBA 과정을 개설했던 것이다. MBA는 많은 인재들로부터 환영을 받았고, 자본주의 시스템의 산실이자 서방의 경영자 양성과정인 MBA는 아무런 저항 없이 중국사회에 접목될 수 있었다. MBA는 중국의 경제계에 새로운 바람을 일으키기에 충분했으며, 2개의 세계적인 빅 이벤트(2008년 북경올림픽과 2010년 상해 세계엑스포)와 중국의 WTO 가입과 연결되면서 성공을 기약하고 있다.

1991년 이전, 중국에는 미국이나 유럽에서 경영학이나 MBA 과정을 이수하고 귀국하여 활약하는 인재는 그리 많지 않았다. 사회 분위기도 그런 것을 그리 반기지 않았고, 그런 인재들에게 만족할 만한 보수를 줄 수 있는 기업도 없었기 때문이다. 그러나 청화대학을 비롯한 중국의 유명 대학들이 MBA 과정을 개설하면서 그 개념이 중국 전역에 전파되기 시작했고, 졸업생들이 배출되면서 상황은 180도 달라졌다. MBA 졸업생들의 진로를 걱정하던 사람들은 자취를 감추었고, 졸업생들은 여러 회사를 놓고 선택하는 형국이 되었다. 물론 그들이 받는 보수는 타 분야 졸업생들과는 비교가 안 될 정도다. 그래서인지 지금 중국에서는 MBA 과정

설립 붐이 일어났다고 해도 과언이 아닐 정도로 매년 새로 설립되는 MBA가 급속도로 늘고 있다. 2005년, 중국 MBA 학장회의에 참석한 중국 MBA 학장들은 2006년이면 중국 MBA의 수가 100개가 넘을 거라는 예상에 이의를 달지 않았다. 현재 중국 MBA가 150개가 넘는다, 혹은 200개 가까이 된다는 발표가 있기도 한데, 그 수치는 관리학원을 얘기하는 것이지 MBA 과정을 얘기하는 것은 아니다. (중국 국가에서 인증한 MBA는 현재 87개라고 보도되고 있다.)

현재 중국에는 '블루칼라', '화이트칼라' 외에 또 하나 직군이 늘어났는데 바로 MBA 출신을 일컫는 '골드칼라'가 그것이다. '골드칼라'라고 불리는 이유는 그들이 받는 보수만을 보아도 이해가 간다. 〈북경신보(北京晨報)〉의 조사에 따르면, 북경의 화이트칼라 직군이 받는 연봉은 대략 평균 36,000위엔(한화 약 430만원)으로 그리 높지 않으며 만족도도 낮은 것으로 나타났다. (31쪽 도표 참조) 그러나 〈포브스(Forbes)〉 중문판에 따르면 북경대학 국제 MBA(BiMBA) 출신의 연평균 수입은 370,000위엔(한화 약 4,400만원)으로 화이트칼라 평균의 10배가 넘는다. 그리고 이 조사에 따르면 중국 MBA 졸업생의 평균 연봉은 약 137,000위엔(한화 약 1,600만원)으로, '골드칼라'라고 불리기에 손색이 없음을 알 수 있다.

MBA 졸업생들은 연봉만 많이 받는 것이 아니라 모두가 선호하는 직군으로 진출해 직업의 안정성까지 보장받고 있다. 그들이 가장 선호하고 많이 진출하는 분야는 정보통신, 전자, 금융, 컨설팅 등으로 나타났다. 이들 직군으로 진출한 졸업생들의 연봉은 대략 250,000위엔(한화 약 3,000만원)으로 조사되었다. 이와 같이 중국에서 MBA 졸업생들은 다른 학과 출신과는 완전히 다른 대접을 받고 있다는 것을 알 수 있다. 게다가 이곳 출신들이 향후 기업의 고위직을 독식할지 모른다는 우려도 나오고 있다.

우리 한국인이 중국 MBA를 중시하고 그 울타리로 들어가야 한다는 것은 명백해졌다. 중국의 13억 인구 중에 MBA를 졸업한 학생의 수는 현재까지 2만 명 정도로 추산되고 있다. 그들은 중국의 경제 전 분야에 걸쳐 인맥을 형성하고 있고, 정부의 경제 관련 전 부서에서 활동하고 있다. 이런 점에서 중국에서의 '관시'에 어려움을 겪고 있는 우리 정부기관의 젊은 인재들과, 기업의 중간관리자들 중 앞으로 중국에서 활동하거나 중국과 비즈니스를 해야 할 사람들이라면 중국 MBA에 2년 정도를 투자하는 것은 충분히 가치 있는 일이 아닐까 한다.

미국, 유럽, 일본 등 세계 거의 모든 국가에서 중국을 향후 가장 중요한 시장으로 보고 투자를 하고 있다. 우리도 중국의 인맥과 중국시장 진출을 책임질 중국전문가를 양성해야 한다. 아직 늦지 않았다. 이제부터 시작이다. 중국은 넓고 기회는 많다. 중국의 전문가를 키우는 일은 바로 중국 MBA로부터 시작됨을 인식하자. 이제는 중국 MBA에 어떻게 진출하고, 어떻게 인맥을 관리할 것이며, 어떻게 졸업할 것인가에 대해 진지하게 논의해야 할 때다. 준비와 계획 없이 막연히 진출한다면 그 성과는 의심스러울 수밖에 없다. 지금부터 철저히 준비한다면 우리는 중국의 MBA를 정복할 수 있을 것이며, 세계에서 가장 많은 중국경제 전문가를 보유하게 될 수 있을 것이다.

2. 중국 MBA의 현주소

중국 MBA는 현재 두 가지 상반된 문제(계속 늘어나는 MBA의 수와 인기의 갑작스런 추락에 대한 우려) 사이에서 무척 고민하고 있다. 그러나 100개를 눈앞에 두고 있는 중국의 MBA 학원들은 아무렇지도 않다는 반응이다. 중국의 MBA는 졸업생들의 안정적인 구직과 높은 연봉, 고속 승진 등에 힘입어 중국에서는 이미 '골드칼라'라고 불릴 정도가 되었기 때문이다.

MBA가 선망의 대상이 되기 시작하면서 MBA 설립 붐이 일고 있고, 전세계 MBA 순위 상위권에 그 이름을 올리기도 했다. 그러나 우후죽순 생기는 학교들 때문에 그 수준이 하향평준화하는 경향이 생길 것을 우려하는 사람들도 있다. 그리고 그 많은 학교의 정원이 채워질 수 있을까도 고민거리 중 하나다. 그러나 매년 중국에서 대학원에 응시하는 사람들의 수를 볼 때 그리 걱정할 수준은 아니라는 것이 일반적인 견해다. 또한 〈포브스〉 중문판에 따르면 MBA를 졸업한 후 MBA에 투자한 돈을 회수하는 데는 겨우 1.7년이라는 시간이 걸린다고 하니, 빚을 내서라도 MBA 과정을 이수하여 인생역전을 이루려는 사람들이 기하급수적으로 늘어나는 사실을 이해할 수 있을 것이다.

그러나 중국 MBA의 앞날이 장밋빛이라고만 볼 수는 없다. 등록금은 다른 대학에 비해 현저히 높고, 2001년에서 2003년 사이에 취업이 100% 이루어지지는 못했던 점을 감안하면 그 신화가 계속될 것인가는 의문으로 남는다. 그리고 너무 많은 대학, 너무 많은 졸업생들로 인해 향후 중국의 MBA도 부익부빈익빈 현상이 두드러질 것으로 예상된다.

따라서 중국의 MBA로 유학을 갈 경우, 많은 MBA 중에서 옥석을 가릴 수 있어야 한다. 좋은 환경에서 수준 높은 학업을 할 수 있고 좋은 동문을 만들 수 있는 학교를 선택할 필요가 있는 것이다. 아직은 수준이 떨어져서 학습 내용이 부실한 학교도 많다. 무조건 입학이나 하고 보자는 생각으로 중국 MBA에 도전한다면 비싼 학비와 시간만 허비하게 될 것이다. 입학이 쉽다고 해서 수준에 못 미치는 학교를 졸업한다면 중국에서 아무런 힘도 발휘하지 못할 수 있다는 점을 명심해야 한다. 비싼 중국 MBA 과정을 힘들여 졸업하고도 중요한 관시 하나, 믿을 만한 사업 파트너 하나 만들지 못한다면 시간과 정력, 돈을 낭비하는 최악의 투자가 될 것이다. 이런 사실을 명심하고 학교를 선택할 때는 신중에 신중을 기해야 한다. 미국 MBA 졸업생들도 일자리를 구하는 데 어려움을 겪고 있다는 사실을 꼭 명심하기 바란다.

상해와 북경에 위치한 MBA, 그리고 항주와 중산 등 일부 지방의 우수한 MBA를 발굴해서 가야 한다. 북경과 상해를 제외한 지역의 우수한 MBA를 고려하는 것은 중국의 지역 전문가가 될 수 있다는 측면에서 바람직하다고 본다.

중국 MBA의 한국인 졸업생들은 아직 그리 많지 않다. 중국 MBA의 역사가 짧기 때문이기도 하고, 지금까지 MBA는 모두 미국으로 가야 하는 것으로 생각했기 때문이기도 하다. 그러나 졸업생이 적다는 것은 희소성으로 인해 향후 대접을 받게 될 확률이 높다는 것의 반증이기도 하다. 아직은 중국 MBA에 우리의 기회가 있다. 그 기회를 누가 빨리 잡느냐에 따라 그 사람의 가치가 달라진다. 지금 당장 미래를 설계하자. 그것이 우리가 리더가 되고 다이아몬드칼라가 될 수 있는 길이다.

3. 중국 MBA 일반 현황

- 최초 설립연도 : 1991년 (청화대학을 비롯한 9개 대학에 설립)

- MBA 수 : 2005년 현재 총 87개 대학에 국가가 인정한 MBA가 설립되어 있다.

- MBA 소재 도시 : 북경(北京, 베이징), 상해(上海, 상하이), 광주(廣州, 광저우), 성도(成都, 청두), 천진(天津, 톈진) 등 직할시를 비롯한 27개의 성과 시에 MBA가 설립되어 있다. (자세한 목록은 다음 페이지의 도시별 현황표 참조)

- MBA 종류

MBA	전일제 (FULL-TIME MBA)
	재직반 (PART-TIME MBA)
국제 MBA (IMBA)	전일제 (FULL-TIME)
	재직반 (PART-TIME)
EMBA (Executive MBA)	재직반 (PART-TIME)
특수 MBA	회계, 의학, 스포츠 MBA 등

- 학습 기간 : 18개월, 2년, 2년 6개월, 3년 등으로 보통 3년을 초과하지 않는다.

- 졸업생 수 : 2003년까지 약 2만 여명으로 추산된다(외국인 졸업생에 대한 공식적인 자료는 없다).

- 평균 경쟁률 : 각 대학마다 다르나, 명문대학의 경우 7:1이 넘는다.

- 총학비 : 5만 위엔 ~ 20만 위엔 (650만 원 ~ 2,500만 원)

- 졸업생 주요 진출 분야 : IT, 통신, 금융, 컨설팅, 증권, 다국적기업 등

도시별 MBA 현황

지역	대학	사이트
북경 (北京)	청화대학	www.tsinghua.edu.cn www.em.tsinghua.edu.cn
	북경대학 광화관리학원	www.pku.edu.cn, www.gsm.pku.edu.cn
	북대국제MBA(BiMBA)	www.bimba.edu.cn
	중국인민대학 상학원	www.rbs.org.cn
	대외경제무역대학	www.uibe.edu.cn
	북경과기대학	www.ustb.edu.cn
	북경교통대학 (원래 북방대학)	www.njtu.edu.cn cabs.njtu.edu.cn(오스트레일리아 상학원과 합작프로그램)
	북방교대 경관학원	jingguan.njtu.edu.cn
	북경이공대학	www.bit.edu.cn
	북경항공항천대학	www.buaa.edu.cn
	북경우전대학	www.bupt.edu.cn
상해 (上海)	복단대학	www.fudan.edu.cn, www.fdms.fudan.edu.cn
	상해교통대학	www.sjtu.edu.cn, www.asom.sjtu.edu.cn

지역	대학	홈페이지
	CEIBS	www.ceibs.edu/mba
	장강상학원	www.ckgsb.edu.cn
	상해동제대학	www.tongji.edu.cn
	상해재경대학	www.shufe.edu.cn, www.shufe.edu.cn/mba/
	화동이공대학	www.ecust.edu.cn
	상해해사대학	www.shmtu.edu.cn
남경 (南京)	남경대학	www.nju.edu.cn
	동남대학	www.seu.edu.cn
	남경이공대학	www.njust.edu.cn
항주 (杭州)	절강대학	www.zju.edu.cn
광주 (廣州)	중산대학	www.sysu.edu.cn
제남 (濟南)	산동대학	www.sdu.edu.cn
무한 (武漢)	무한대학	www.whu.edu.cn
	화중과기대학	cm.hust.edu.cn
하얼빈 (哈爾濱)	하얼빈공업대학	www.hit.edu.cn
	하얼빈공정대학	www.nrbeu.edu.cn
길림성 (吉林省)	길림공업대학	www.jut.org.cn
심양 (瀋陽)	요녕대학	www.lnu.edu.cn
	동북대학	www.neu.edu.cn
대련 (大蓮)	대련이공대학	www.dlut.edu.cn
	동북재경대학	www.mba-edu.net
천진 (天津)	남개대학	www.nankai.edu.cn
	천진대학	www.tju.edu.cn
	천진재경학원	www.tjufe.edu.cn
사천성 (四川省)	사천대학	www.scu.edu.cn
	중경대학	www.cqu.edu.cn
기타	하문대학 관리학원	sm2.xmu.edu.cn
	서안교대 관리학원	som.xjtu.edu.cn
	중국과기대학 관리학원	business.ustc.edu.cn
	서남재경대학 MBA센터	mba.swufe.edu.cn
	호남대학 MBA	www.hnumba.cn

중국 경제지 〈경리인(經理人)〉에서 선정한 중국 MBA 순위 (2004년)

1. 청화대학 경제관리학원
2. 복단대학 관리학원
3. 북경대학 광화관리학원
4. 상해교통대학 안태관리학원
5. 중산대학 관리학원
6. 중국인민대학 상학원
7. 대외경제무역대학 국제공산관리학원
8. 절강대학 관리학원
9. 남개대학 관리학원
10. 하문대학 관리학원
11. 남경대학 상학원
12. 화중과기대학 관리학원
13. 동북재경대학 MBA학원
14. 북방교대 경관학원
15. 사천대학 공상관리학원
16. 서안대학 관리학원
17. 중국과기대학 상학원
18. 서남재경대학 MBA센터
19. 호남대학 공상관리학원
20. 동제대학 경관학원

영국 〈파이낸셜타임즈〉 선정 세계 100대 MBA와의 관계

영국의 경제전문지 〈파이낸셜타임즈(Financial Times)〉는 해마다 세계 100대 MBA를 선정하여 발표한다. 2005년의 순위에서 특이한 점은 〈경리인〉에서 발표한 중국 MBA 순위에서는 누락된 상해에 소재하는 '중국 유럽 국제 비즈니스 스쿨(CEIBS)'이 세계 22위로 발표된 사실이다. CEIBS는 2003년에는 90위, 2004년에는 50위를 차지했었다. 중국에서 이미 2년 연속 1위를 차지한 청화대학 MBA가 100위 안에도 오르지 못했는데 당당히 22위를 차지한 것을 보면 세계적으로는 CEIBS가 인정받고 있다는 증거다. 이외에 중국대륙은 아니지만 홍콩의 과기대학과 중문대학 MBA가 각각 44위와 69위를 차지했다.

중국 MBA 졸업생(골드칼라)과 화이트칼라 간의 연봉 비교

(〈북경신보〉가 밝힌 통계와 〈포브스〉 중문판의 조사를 토대로)

단위 : 위엔

분야	MBA 졸업생	화이트칼라
전체 임금평균	137,000	10,656
사무직		36,000
외상기업, 외상대표처		51,378
중외합자, 합작경영		41,950
개인경영, 민영기업		34,699
국유기업		26,677
공공기관		20,851
공무원		18,473
경영관리	370,000	49,320
프로젝트관리		48,653
증권투자분석	270,000	47,098
IT, 정보통신엔지니어	250,000	42,691
영업	210,000	42,183
비서, 행정비서		24,015
기타서비스		21,187
의료분야		20,402
교육자		16,731
금융	250,000	34,567

EMBA(Executive MBA)

EMBA 개요

EMBA는 MBA와는 조금 다르다. MBA는 3년 정도의 직장경력을 지닌 젊은이들이 새로운 발전을 도모하고자 지원하는 것이라면, EMBA는 보통 10년 이상의 경력을 가진 중간관리자 이상의 회사원들이나 CEO, 혹은 자기 사업에 어느 정도 성공한 사람들, 즉 중년 이상의 사람들이 지원한다고 보면 된다.

EMBA의 과정은 MBA와 그리 다르지 않으나, 직장을 다니거나 사업체를 운영하는 사람들이 입학하는 곳이어서 MBA의 PART-TIME반보다 시간을 더 집중적으로 몰아서 수업을 한다. 학교마다 조금씩 다르지만 대부분의 학교는 1개월에 한 번 목요일에서 일요일에 걸쳐서 아침부터 저녁까지 수업을 하고, 18개월에서 2년 정도에 학제를 마치게 된다.

학비도 MBA보다 훨씬 비싸서 14만 위엔에서 30만 위엔까지 다양하다. 하지만 중국의 고위 공무원들과 CEO들이 몰려드는 곳이기 때문에 학비를 투자로 생각한다면 그리 많다고 볼 수도 없다.

MBA 과정이 있는 곳이라면 대부분 EMBA가 개설되어 있고, 학위도 MBA와 마찬가지로 공상관리 석사학위를 받는다. 다만 많은 학교에서 석사학위만 수여하고 그 대학 대학원을 졸업했다는 졸업증서는 주지 않기 때문에 학교를 고려할 때 고민해야 하는 부분이라고 볼 수 있다.

언어는 중국어를 못하면 입학할 수 없고, 영어는 기본 수준 이상을 요구한다.

EMBA는 다이아몬드칼라

14만 위엔에서 30만 위엔에 달하는 학비를 지불한다는 것은 중국의 일반 국민들 사이에서는 상상하기 힘든 일이다. 30만 위엔은 중국 일반 사무직 직원의 10년 급여에 달하는 액수다. 그러나 중국에는 그 돈을 아깝다고 생각하지 않고 지불하는 사람들이 점점 늘어나고 있다. 그래서 필자는 EMBA에 지원하는 사람들을 가리켜 '다이아몬드칼라'라고 이름 붙여 보았다. 즉, 중국 최고의 VIP 클럽이라는 것인데, 그것은 현재 EMBA 과정을 밟고 있는 학생들의 면면을 보면 바로 이해가 간다. 중국 최대 항공사의 회장, 최대 의약품회사의 총재, 최대 컴퓨터업체 회장, 최대 통신업체 총경리 등 뉴스에 자주 등장하는 사람들과 은행의 총재와 부총재, 그리고 고위직 공무원들까지 모두가 EMBA 과정에 적을 두고 있다. 중국의 한 기자의 말을 빌리면 현재 명문 EMBA는 "중국의 신흥귀족들의 사교모임 장소"가 되고 있는 것이다.

중국 EMBA가 어떻게 관시의 구심적 역할을 하는가는 그 구성원들에 대한 통계를 보면 알 수 있다. 우선 평균연령은 38세이고, 경력은 평균 13년으로 고급관리자 이상이다. 그리고 11개국에서 15개국 사이의 외국인 학생들이 함께 공부하고 있는데, 미국, 유럽, 일본, 홍콩, 대만 학생들이 대부분이다. 이들 학생들은 대부분 다국적기업에서 우수한 인재들을 뽑아 위탁교육을 하는 측면이 강하다. 미래의 관시에 대비하여 학생들을 중국의 다이아몬드칼라와 접촉시키고 있는 것이다.

중국사회의 지도층과 리더 그룹이 EMBA에서 모여 동문회를 만들고 모임을 갖고 상부상조하는 모습을 보면 우리가 뚫고 들어갈 길이 점점 좁아지는 것 같아 아쉽기도 하다. 그러나 중국사회에서 VIP 클럽이 되어가는 이 부류를 우리의 인맥으로 만들 수만 있다면 큰 도움이 될 것이다.

다행히 주재원들 중 경력 10년 이상의 고참들이 중국 EMBA에 관심을 갖기 시작했으므로 얼마 안 있어 다이아몬드칼라가 우리의 동반자가 될 수 있으리라 생각한다. 상해교통대학 EMBA의 경우 대략 50%의 학생이 외국인이고, 그 중 한국인이 차지하는 비율이 10% 정도 되는 것을 보면 그런 사실을 짐작할 수 있다. 다른 명문대학들의 상황도 별 차이가 없다.

중국의 경제를 좌지우지할 거물들과 장차 거물이 될 젊은 임원급 중국인들이 대거 몸담고 있는 EMBA는 우리에게 그들과 교류할 수 있는 좋은 장소와 기회를 제공하고 있다. 그렇기 때문에 EMBA는 중국으로 가는 또 다른 교두보가 될 수 있을 것이다. 많은 한국인들이 관심 있게 이 과정을 바라보았으면 하는 바람이다.

4. 중국 MBA의 매력과 전망

1) 중국 MBA는 왜 매력적인가?

중국은 이미 우리 경제와는 떼려야 뗄 수 없는 불가분의 관계를 맺고 있다. 중국에 투자한 우리 업체는 공식적인 통계로만도 그 수가 1만이 넘고, 정식 경로가 아닌 다른 경로로 들어온 교민 기업의 수도 이에 달한다는 설이 사실로 받아들여지고 있다. 왜 이렇게 많은 기업과 한국인이 중국에 들어와 장기 체류를 하고 있는가? 그 대답은 간단명료하다. 중국에 돈이 몰리고 있기 때문이다. 그리고 그 자본에 의해 중국의 경제는 발전에 발전을 거듭하고 있기 때문이다.

중국은 예전의 중국이 아니다. 예전처럼 중국기업과 경영진을 만만하게 보아서는 안 된다. 중국은 글로벌화되고 있고, 그에 걸맞은 인재를 키우고 고용하고 있다. 중국이 건국된 후 대학 출신들이 처음으로 나라를 경영할 때는 국가를 건설할 필요에 의해서 이공계통의 지식인들이 선호되었다. 장쩌민 전 주석과 주룽지 전 총리가 그 중심에 있었다.

그러나 그들의 시대가 가고 후진타오 시대가 오면서 이공계에서 문과계로 바통이 넘어왔다. 이제는 관리가 중요하다는 것을 인식했기 때문이 아닐까 생각한다. 그럼 다음 세대에는 과연 경영권이 어디로 넘어갈 것인가? 필자는 장차 중국의 정치를 움직이는 사람이 누가 될지는 알 수 없다. 그러나 확실한 것은, 중국이 국제경제에 완전히 융화되어가고 있는 현실에서 향후 중국경제를 움직일 가장 큰 힘은 중국 MBA 출신들일 것이라는 점이다.

그 이유는 자명하다. 중국은 이제 세계로 진출하기 위해 전 분야에서 국제적인 시스템을 받아들이고 있다. 특히 경제시스템은 경영, 회계, 인사 등 전 분야에서 그 영향력을 벗어나지 못할 것이다. 그런 시스템이 현재 중국의 시스템으로는 불가능하다. 그래서 중국은 이제 외국으로 나갔던 유학생들을 고국으로 불러들이고 있고, 미국이나 유럽 출신의 자국민들과 외국인 교수들을 초빙해 와서 중국인들에게 서구 경영시스템을 가르치게 하고 있으며, CEO들은 EMBA를 통해 서구의 경영시스템을 받아들이고자 노력하고 있다. 실제로 지금 중국의 CEO들은 예전의 CEO들과는 다르다. 그들은 이제 경영 노하우도, 영어실력도, 외국인과 비즈니스를 하는 모습도 완전히 세계화되어 있다.

중국의 MBA는 학문적으로도 매우 성숙해가고 있다. 명문이라고 불리는 MBA 과정에서는 미국과 유럽의 우수 MBA들과 교환학생 및 교환교수 프로그램, 학위 공동수여 프로그램 등을 운영하고 있으며, 세계적인 석학과 세계적으로 유명한 다국적기업의 최고경영진을 초빙해서 학생들에게 다양한 학문적·실제적 경험을 제공하기 위해 노력하고 있다. 이들 MBA들은 외국 유수 대학들과 제휴하여 케이스 스터디 자료를 받아 학생들의 실전적응능력과 문제해결능력을 배가하고 있다. 그리고 교환학생 제휴 학교와 1년씩 상대방 학교의 과정을 수행할 수 있도록 하여 두 곳의 학위를 공동으로 받게 하는 프로그램인 학위 공동수여 프로그램도 실시하고 있다. 또한 교수들의 수준도 세계적인 수준으로 발전하여 학문적 측면에서도 절대로 서구 MBA에 뒤지지 않는다.

학문적 수준도 수준이지만, 역시 중국 MBA에서 가장 부각되어야 할 점은 중국이라는 거대한 국가경제의 지속적인 발전가능성이다. 그리고 이젠 포화상태가 되어 TOP CLASS의 MBA를 졸업하지 않으면 취업하기조차 힘든 서구의 MBA보다는 이제 막 발전하기 시작한 중국 MBA가 우리에게는 더욱 매력적이다.

일반적인 중국 MBA의 매력에 대한 이해는 이쯤 해두기로 하고, 이제부터는 항목별로 왜 중국의 MBA가 매력적인가에 대해 서구 MBA와 비교해가면서 설명하기로 하겠다. 단, 자세한 사항은 이 책의 Part II를 참고하거나 학교별로 따로 조사를 하는 것이 좋을 것이다. 이 내용은 단지 빠른 이해를 돕기 위한 참고자료로 사용하기 바란다.

2) 중국 MBA와 서구 MBA 비교

수업 기간

미국	유럽	중국
2년	1년	2년

학제

미국	유럽	중국
대부분 2년 FULL-TIME제	대부분 1년 FULL-TIME제	다양한 학제 운영. 기본적으로 FULL-TIME과 PART-TIME

학비 (단위 : KRW)

미국	유럽 (영국의 경우)	중국
1억~1억 5천만 (2년)	4천만~5천만 (1년)	650만~2천 5백만 (2년)

졸업 후 진로

미국	유럽	중국
TOP MBA를 졸업하지 못하는 한 졸업 후 진로 불투명.	영국과 프랑스 등의 유명 MBA를 제외하면 현재는 전망이 밝다고 볼 수 없음.	MBA가 도입된 지 14년밖에 안 되었고, 중국경제의 발전과 다국적기업의 진출 확대로 졸업생들은 최고의 주가를 올리고 있음.

인맥

중국의 특수한 정치상황과 문화 때문에 미국이나 유럽의 인맥과는 비교할 수 없는 파워를 발휘할 수 있을 것으로 예상된다. 거기에다 높아가는 한류의 영향과 문화적 유사성으로 인해 우리에게 유리한 관시가 생겨날 것으로 예상된다.

반면, 미국이나 유럽은 인맥을 이용하기 어려운 사회구조 때문에 MBA를 통한 업무상 도움은 중국에 비해 아무래도 미약할 것이다.

언어

중국 MBA 과정을 통해서는 세계 최대의 인구가 사용하고 있으며 향후 효용성이 가장 커질 것으로 여겨지고 있는 중국어를 배울 수 있다. 그리고 중국어를 통해 중국의 문화와 사람, 그리고 경제를 볼 수 있는 눈이 생긴다.

학문적 목표 및 방향

미국	유럽	중국
- 전문적 연구를 중시함 - 연구가 미국을 중심으로 편중되어 있음	- 실습을 중시하는 산학협동을 강조 - 연구는 유럽과 세계를 모두 강조	- 미국과 유럽의 장점을 살려서 전문적 연구와 산학협력을 모두 중시함 - 연구는 중국과 미국, 그리고 세계를 모두 강조

학생 분포

미국	유럽	중국
미국 학생이 대부분	유럽, 미국, 아시아 혼합	중국 학생과 세계 각국 학생 혼합, 외국 학생 비율 꾸준히 증가하는 추세

학생 선발 기준

미국	유럽	중국
직장경력, 각종 시험성적 중시	유명 MBA를 제외하면 비교적 쉽게 입학 가능	직장경력과 시험성적 외에 면접을 통한 학생의 잠재력 중시

학생 연령 분포

미국	유럽	중국
20대 중반~20대 후반	20대 후반~30대 초반	20대 중반~30대 초반

위의 도표들을 통해 중국의 MBA가 미국과 유럽의 장점을 모두 수용하려고 애쓰고 있음을 알 수 있다. 한참 성장 중인 중국의 MBA는 이미 차고 넘치는 미국이나 유럽의 MBA와는 논쟁이 불필요하다. 다만 중국

MBA도 옥석을 가려 학교를 골라야 기대한 만큼의 학습과 실전 지식을 얻고 원하는 직장을 구할 수 있을 것이다.

3) 중국에서 MBA 출신들은 어떤 대우를 받고 있는가?

최근에 발간된 〈포브스〉지 중문판에 따르면, 중국에서 MBA 졸업생들의 평균 연봉은 13만 위엔(한화 1,625만 원, 중국의 물가 및 현실 사정을 감안하면 한화로 약 7천만 원~1억 원 수준이라고 할 수 있다)에 다다른다.

45개 대학 MBA의 2001년 졸업생들(전일제반)을 조사한 결과, 연봉은 평균 13.7만 위엔으로 입학 전보다 2.8배 늘어났고, 평균 1.9년 안에 공부하는 데 투자한 돈을 회수한 것으로 나타났다. 재직반 졸업생들의 평균 연봉은 13.1만 위엔으로 입학 전보다 2.2배 상승한 것으로 나타났으며, 투자회수율은 1.2년으로 두드러졌다.

다른 조사에 따르면, 상해 CEIBS와 북경의 북대국제(北大國際)MBA(BiMBA)가 각각 전일제(FULL-TIME반)와 재직반(PART-TIME반)에서 공부하는 데 투자한 돈을 회수하는 투자회수율(졸업할 때까지 투자한 돈을 졸업 후에 증가한 수입으로 회수한 비율)이 가장 빠른 것으로 조사되었다.

BiMBA의 2001년 졸업생들이 투자한 학비를 회수하는 데는 1.7년이 걸린 것으로 나타났고, 연평균 수입은 37.3만 위엔(한화 약 4663만 원, 가치로 환산하면 1억5천만 원 정도 수준)으로 전체 조사대상 중 최고를 기록했다.

2001년 졸업생들은 연봉의 증가뿐 아니라 직위도 빠르게 승진한 것으로 조사되었다. 이처럼 중국의 MBA는 말 그대로 고속승진을 하고 고액 연봉자가 되는 지름길이 된 셈이다.

중국 MBA 졸업생들은 대부분 정보통신, 금융, 전자, 컨설팅 등 고소득이 보장되는 분야로 진출하는 것으로 조사되었으며, 특히 IT, 통신, 전자 업계에 진출한 MBA 출신들의 연봉은 타업종에 진출한 사람들보다 두드러지게 높았다.

이런 표면적인 연봉과 직위의 급격한 상승 외에 중국 MBA는 세계적으로도 그 가치를 인정받고 있다. 앞서 살펴본 대로 영국의 〈파이낸셜타임즈〉가 발표한 2005년 전세계 100대 MBA 과정 순위에서 중국의 3개 대학(홍콩 포함)이 포함될 정도로 그 가치와 수준을 인정받고 있는 것이다.

중국 MBA가 가진 매력

- 중국 최고의 인재들 및 중국경제를 이끌어가는 중요한 인물들과의 자연스러운 관시 형성
- 한국의 유수한 대기업 인재들과의 인맥 구축
- 세계 최고 수준에 근접하는 교육환경
- 영어와 중국어의 동시 습득
- 한국과 지리적으로 근거리에 위치해 있는 점
- 경제적으로 한국과 지속적인 발전관계에 있는 점
- 미국이나 유럽에 비해 우리와 문화코드가 맞는 점
- 저렴한 학비
- 한국기업의 폭발적인 중국 진출
- 유통시장과 서비스시장 개방으로 인한 인재의 필요

중국에 진출한 1세대들이 제조업을 중심으로 자리를 잡고 중국을 알아왔다면, 이제 2세대들은 유통을 향해 힘차게 그 발걸음을 내딛고 있다. MBA를 위해 중국으로 진출하는 여러분들은 중국 진출 한국인 3세대로서, 중국에서 고급 영역을 구축하고 개척해야 하는 무거운 짐을 안게 되었다. 이제 제조업으로 중국에서 승부를 거는 시대는 지났다. 중국에서 승부를 걸어야 하는 분야는 정보통신, IT, 전자, 투자, 금융, 컨설팅 등으로 바뀌고 있다. 그 자리에 MBA 출신들이 자리를 잡을 것이 틀림없다. 중국시장이 우리에게 위기로 다가오고 있는 것도 사실이지만, 먼저 준비하고 실력을 키운다면, 그리고 지금과는 다른 고부가가치 시장을 개척한다면, 우리가 내준 시장보다 더 큰 시장을 우리 품에 안을 수 있을 것으로 확신한다. 그 길 위에 중국 MBA가 있다.

중국경제의 부상 -
20년 후, 중국이 미국 된다

오랜 잠에 빠져 있던 사자가 기지개를 켜고 있다. 세계 최대의 인구, 전세계에서 세 번째로 넓은 영토, 풍부한 천연자원, 이 세 가지 저력을 등에 업고 중국은 20세기 말부터 고도성장을 지속하면서 경제강국으로 급부상하고 있다. 중국은 지난 20여 년간 연평균 9.6%의 고도성장을 지속해오고 있으며, WTO 가입, 2008년 하계올림픽 유치 등으로 글로벌화를 더욱 가속화하고 있다. 심지어 21세기 중반에 이르면 미국을 제치고 세계 최대 경제대국으로 부상하리라는 전망마저 나오고 있다.

이처럼 중국이 경제대국으로 성장할 수 있었던 것은 1978년 12월 제 11기 중국공산당 중앙위원회 제3차 전체회의에서 덩샤오핑이 과감히 도입한 시장경제 및 개방 정책 덕분이다. 개혁 · 개방의 총설계사로 추앙받는 덩샤오핑은 1989년 톈안문 사태 이후 장쩌민에게 권력을 이양한 후에도 개혁 · 개방을 계속 추진하게 했고, 그 기조는 현재의 후진타오 주석에 이르기까지 변함없이 유지되고 있다. 그 결과 지난 25년에 걸친 개혁 · 개방의 성과가 본격적으로 가시화되면서 중국은 사회주의 체제하의 자본주의 경제라는 독특한 구조로 경제세력권을 확장해나가고 있다.

중국은 현재 세계 최대의 직접투자자금 유입국이다. 외국인 직접투자는 투자재원 조달, 산업구조 고도화, 세수 및 수출입 확대 등을 통해 중국경제의 양적 · 질적 발전에 크게 기여했다. 그리고 최근 중국의 산업구조에서 첨단산업의 비중이 빠르게 증대하고 있다.

이제 중국은 '세계의 공장'에서 미국의 자리까지 넘보는 무서운 존재로 자리매김하고 있다. 골드만삭스의 전망에 따르면 달러화로 환산한 경제규모에서 중국은 향후 4년 내에 독일을 따라잡을 것이고, 2015년에는 일본, 2039년에는 미국마저 추월할 것이라는 예상이다. 또한, 뉴욕타임스 최고의 아시아통으로 꼽히는 니콜라스 크

리스토프는 최근 출간한 저서 《동쪽으로부터의 천둥: 떠오르는 아시아의 초상 (Thunder From the East: Portrait of a Rising Asia. 국내에서는 '중국이 미국 된다'로 번역됨)》에서 2020년이면 중국이 구매력 평가 기준으로 미국을 앞서고, 2040년에는 세계최대 경제대국이 될 것이라고 내다봤다.

중국은 지난 20년간 연평균 9.6%에 육박하는 고성장을 이어왔다. 일반적으로 고성장의 시기가 지나면 경기가 급속히 하강하는 특성이 있지만, 중국의 경우 과거 일본처럼 급강하하지는 않을 것으로 전문가들은 보고 있다. 광활한 시장을 가졌기도 하지만, 도시와 농촌 등 지역 간 격차가 크고 소비수준과 제3차 산업의 비중도 전반적으로 낮기 때문이다. 발전잠재력이 그만큼 크다는 것이다.

중국국가통계국의 예측자료를 보면 중국은 앞으로 10년간 연평균 7.5%의 성장을 하고, 그 후에는 10년마다 성장률이 1%씩 낮아질 것으로 전망되고 있다. 10~20년 후엔 6.5%, 20~30년 후엔 5.5%가 될 것이란 얘기다.

결론적으로 머지않아 중국은 세계 최강국의 반열에 선다는 것이다. 이제 중국의 경제대국화의 길에 그 어떤 내부체제적 논란은 없다. 21세기 중국경제에게 남은 과제는 미국 및 서방 경제대국과의 경쟁뿐이다.

중국의 WTO 가입은 선진기술의 대중이전, 생산제품의 고부가가치화, 산업구조의 고도화를 촉진하여 중국경제의 국제화에 기여할 것이다. 또한 외자기업 간 경쟁이 치열해져서 연안지역에서 인건비와 지가가 상대적으로 싼 내륙·서북지역으로 투자지역의 이전을 유도할 수 있는 효과가 생길 것이다. 중국경제의 큰 문제로 대두되는 지역적 양극화현상을 서서히 해결할 수 있게 되는 것이다. 이렇듯 세계최대 경제대국을 향한 중국의 준비는 마무리되었다. 이제 그 실행만이 남았을 뿐이다.

중국 MBA로 가는 길

1. 갖추어야 할 기본소양 및 자격

중국의 MBA로 유학을 가는 것은 인생에서 무척 중대한 결정을 내리는 일이며, 새로운 세계로 다가가는 과정이다. 중국이 경제적으로 발전하고 초강대국이 되어가고 있다고 해서 막연히 어떤 끈을 잡으려고 유학을 온다면 개인적으로 불행을 초래하는 일이 될 수도 있다. 그런 의미에서 여기서는 중국의 MBA에서 공부하려면 기본적으로 어떤 소양을 갖추어야 하는지 얘기해보겠다.

1) 중국어는 기본이다

중국에서 공부하고, 생활하고, 중국인들과 친교를 맺으려면 당연히 중국어를 할 줄 알아야 한다. 수업을 모두 영어로 진행하는 각 학교의 IMBA 과정이나 CEIBS, 장강상학원과 같은 전문 상학원의 경우도 중국인 학생 비율이 70~80%를 상회하기 때문에 토론을 벌일 때는 중국어를 할 줄 알아야 한다. 또한, 캠퍼스 생활이나 기숙사 생활, 외부 생활을 감안해도 중국어를 할 줄 알아야 하는 것은 당연하다.

필자는 15년 전에 대학원에 입학하기 위해서 대만으로 갔다. 그리고 먼저 어학원에 입학했다. 그 전에 중국어를 조금 배우기는 했지만 회화는 전혀 하지 못하는 상태였다. 햄버거를 사먹으러 가도 햄버거집 아르바이트생이 얼마라고 값을 알려주는 소리도 알아듣지 못했다. 그래서 나는 버스로 1시간 걸리는 통학로에 걸려 있는 간판에 적힌 글자들을 모두 외우기 시작했다. 모르는 글자는 써두었다가 집에 가서 사전을 찾아 의미를 파악했다. 회화는 대만의 국어과 학생들과 교환수업을 통해서 조금씩 늘려갔고, 친구를 만들어서 전화로도 중국어를 열심히 연습했다. 그래서 지금은 누구에게도 뒤지지 않는 표준 발음을 갖고 있다.

필자는 우스개 소리로 중국어를 학습중국어, 전투중국어, 연애중국어로 나눈다. 어떤 방식으로 하든 중국어를 잘할 수 있도록 노력해야 한다.

학습중국어

중국의 대학이나 대학원을 다니기 위해 어학원에서 배우는 중국어를 말한다. 물론 이렇게 배우는 중국어는 필수이지만 학습중국어만으로는 완벽한 중국어를 구사하기는 힘들다.

전투중국어

중국어를 거의 못하거나 아주 못하는 사람이 중국에 와서 어쩔 수 없이 배운 중국어를 말한다. 대부분 발음이 엉망이어서 알아듣는 중국인도 있고 알아듣지 못하는 중국인도 있기 때문에 교정을 요하지만, 그런대로 최소한의 의사표현은 할 수 있다.

연애중국어

중국에 독신으로 온 총각이나 처녀들이 중국인과 연애를 하면서 차도 마시고 밥도 같이 먹고 하면 중국인과 같이 있는 시간이 길어져 저절로 중국어를 마스터하게 된다는 말이다. 중국인 애인을 통해서 '생활중국어'를 익히게 되면 모든 영역을 커버할 수 있다는 장점이 있다.

다시 한 번 강조하지만, 중국어를 할 줄 알아야 학업을 제대로 할 수 있다. 그리고 중국과 중국인, 중국의 문화를 올바로 알기 위해서도 중국어는 필요하다.

2) 중국의 역사와 문화를 이해하자

중국에 대해서 우리는 우리와 같은 유교문화권으로 문화적으로 가까운 나라이며, 삼국지, 수호지 등을 통해서 잘 알고 있는 나라라고 생각하고 있다. 하지만 실상은 그렇지 않다.

공산당이 집권한 후 1960년대에 일어난 문화혁명, 1989년의 천안문 사건과 등소평의 개혁·개방정책이 중국을 완전히 새로운 나라로 만들었다고 할 수 있다. 우리나라에는 사상과 문화, 생활 전반에 깊이 남아 있는 유교사상이 중국에는 거의 남아 있지 않다. 모든 면에서 실사구시를 추구하고, 그러다 보니 때로는 그들이 중시하는 체면도 필요 없어진다.

한국을 조금이라도 아는 중국인들은 자신들에게서 전파된 유교사상이 잘 보존되어 있는 것에 감탄 아닌 감탄을 한다. 중국도 예전에는 윗사람에게 꼬박꼬박 존댓말을 했다. 그러나 현대의 중국에서는 존댓말이 거의 사라졌으며 위아래도 거의 없다. 아버지와 아들이 마치 친구들처럼 술과 담배를 함께 하고, 젊은이가 어른 앞에서 대놓고 담배를 피운다.

또 다른 필자의 경험을 말해보겠다. 몇 년 전 필자는 중국에서 아동복 사업을 하려고 시장조사를 한 적이 있다. 밖에서 바라본 중국의 환경과 미래를 생각하면 무조건 해야 하는 사업이었다. 그래서 두꺼운 보고서를 준비하여 투자자들에게 제출했고, 투자자들도 만족했다. 하지만 이 생각은 현실과 완전히 동떨어진 것이었다. 중국은 문화혁명과 가난을 겪으면서 어떤 경계심이 생겼는지, 아이나 어른들 모두 튀려고 하지 않는다는 사실을 뒤늦게 알았다. 더구나 중국에서는 아이 옷을 선물하는 친척이나 친구들이 거의 없다. 중국인은 옷을 선물하는 것을 매우 부담스럽게 생각한다. 선물을 하면 상대가 좋아할까, 가격은 괜찮을까, 사이즈는 맞을까, 등을 고민하는 것을 싫어하는 것이다.

중국인들은 왜 예전에는 밝은 색의 옷을 입지 않았을까? 중국인은 왜 하이힐을 좋아하지 않는가? 중국인은 왜 설에 한 달 치 월급에 해당하는 돈을 들여 폭죽을 터뜨릴까? 중국인은 문화혁명과 천안문 사건 때 어떤 일을 당했으며, 그 일들은 지금 중국인들에게 어떤 영향을 미치고 있는가?

중국인들은 우리와는 다른 생활, 다른 문화를 가졌다는 점을 이해하도록 노력해야 한다. 중국인이 아닌 이상, 문화적 차이를 알고 그들을 이해하는 데는 한계가 있을 것이다. 하지만 중국 MBA에 진학하고, 중국인들과 친교를 다지고, 나아가 중국에서 일을 하려면 외국인이라는 한계를 뛰어넘어 중국인을 이해하려고 부단히 노력해야 한다는 것 역시 분명한 사실이다.

3) 중국인을 존중하자

중국에 오는 유학생들과 주재원들이 범하는 가장 큰 오류가 중국을 무시하는 것이다. 중국인을 무시하려거든 중국에 발도 들여놓지 말아야 한다. 중국에서 성공하고 중국인과 더불어 살아가겠다는 사람들이 현재 중국인들이 조금 못사는 것 같다고 하여 무시하는 것은 어불성설이다.

북경대학 같은 곳은 입학 자질에 아예 그런 조건을 달아놓았다. 중국인민과 문화를 존중하고 지킬 것을 요구하는 것이다. 중국의 MBA에 지원하는 엘리트 여러분들은 중국을 이해하려고 노력하는 태도와 중국인을 존중하는 겸손한 자세를 가져야 한다. 그것이 중국을 경영하는 사람으로서의 기본소양이다.

필자가 중국에서 10년 넘게 있으면서 느꼈던 것 중의 하나가 중국인에게는 욕을 하거나 화를 내서는 절대 안 된다는 점이다. 중국인들은 자존심이 매우 강한 민족이며, 체면, 즉 미앤즈(面子)를 무척 중시한다. 우리 민족은 화를 잘 내는 편이다. 서로 친한 사이일 경우 술을 마시다 화를 내고 소리를 질렀다가도 다음날이면 언제 그랬냐는 듯이 사이좋게 지낸다. 하지만 중국인은 다르다. 중국인은 함부로 화를 내거나 소리를 지르지 않는다. '중국인은 화가 날수록 웃는다'라는 책 제목도 있듯이 중국인은 남에게 자신의 속내를 잘 드러내지 않는다. 그러니 우리의 급하고 '욱' 하는 성격을 보면 중국인들이 어떻게 생각하겠는가?

중국인은 10년을 사귀어야 상대를 믿고 친구로 인정해준다는 말이 있다. 중국인에게 친구로 인정받으려면 우리도 그만큼 존중하고 인정할 줄 알아야 한다.

4) 영어도 중요하다

영어는 중국 MBA 과정을 소화하는 데 있어서 중국어만큼 중요한 언어이다. 특히 IMBA는 모든 수업이 영어로 진행되고 영어권의 나라에 교환학생으로 가는 프로그램도 있기 때문에 영어를 유창하게 하지 못하면 입학과 과정 이수 자체가 어렵다. IMBA가 아니라 하더라도 영어로 된 원서를 읽거나 미국이나 유럽계 교수, 그리고 세계적인 기업가 등의 특별강의를 듣고 이해하려면 기본 이상의 영어실력이 필요하다. 또한 필수과목인 비즈니스영어를 패스하기 위해서도 영어실력은 필수다.

중국기업이 요구하는 MBA 졸업생들의 기본소양
(중국 〈신문신보(新聞晨報)〉)

일반적으로 중국기업에서는 MBA 졸업생들에게 하드웨어적인 고정적 배경을 제외하고 뚜렷한 직업의식을 요구한다. 그 외에도 여러 가지 소양을 요구하는데, 리더능력, 의사소통능력, 단체적응능력, 성실성 등의 소프트웨어적인 능력을 그 예로 들 수 있다.

최근 들어서 MBA 학생들의 연령이 점점 낮아지고 있으며 그에 따라 학생들의 회사경력 또한 점점 짧아지고 있다. 경력이 길다고 해서 무조건 좋은 것은 아니다. 그러나 많은 전문가들은 이런 추세를 걱정하고 있고, 그들의 무조건적인 목적에 회의를 갖기도 한다. 그래서 많은 기업에서는 어느 정도의 정상적인 직장경력을 요구하고 있다.

중국 MBA에 도전하는 우리나라 학생들도 회사 근무 경험을 중시하고 중국의 일반 기업과 MBA에서 추구하는 목표를 잘 이해하여 MBA 학생으로서 소양을 잘 배양하고 갖추길 바란다.

2. 학교 선정 시 고려해야 할 사항

중국 MBA도 MBA에 따라 수준이 천차만별이다. 중국 MBA라고 쉽게 보고 덤벼들었다가는 낭패를 보기 십상이다. 필자의 지인 중에도 분명한 목적 없이, 그리고 깊이 있는 조사 없이 학교에 지원했다가 시간만 낭비한 경우도 있다. 그러므로 학교 선정은 자신의 상황에 따라 고려해야 할 요소들을 신중, 또 신중하게 살펴보고 결정해야 한다.

1) 학교의 명성

앞서 설명했듯이, 중국에는 이미 100개 가까운 MBA가 설립되어 있으며, 앞으로도 계속 설립될 것으로 보인다. 이렇듯 우후죽순 생기는 학교들 때문에 그 수준이 하향평준화하는 경향이 생길 것이라는 우려도 있다. 향후엔 너무 많은 대학, 너무 많은 졸업생들로 인해 중국의 MBA도 부익부빈익빈 현상이 두드러질 것으로 예상된다.

그러므로 중국의 MBA로 유학을 갈 경우엔 무조건 입학하고 보자는 생각을 버리고 가급적 좋은 환경에서 수준 높은 공부를 할 수 있고 좋은 동문을 만들 수 있는 곳을 선택해야 한다. 그런 점에서 북경대학, 청화대학 등을 비롯한 명문대학들이나, 각 지역을 대표하는 대학을 선택하는 것이 바람직하리라 본다.

2) 선배 졸업생들의 진로 및 대우

MBA의 수준이 천차만별이듯이 졸업생들의 진로나 대우도 MBA에 따라 많은 차이가 난다.

MBA 졸업생들은 주로 정보통신, 전자, 금융, 컨설팅 등 고소득 분야의 중국 대기업이나 외국계 다국적기업 등으로 진출하고 있다. CEIBS, BiMBA, 장강상학원과 같은 전문 상학원의 졸업생들이 북경대나 청화대 등 중국 명문대학의 MBA 졸업생들보다 연봉을 많이 받는 것으로 조사되었는데, 이는 중국에 진출한 외국계 다국적기업들이 국제적인 감각을 갖춘 전문 상학원 졸업생들을 선호하기 때문이다. 이런 점에서 외국계 다국적기업으로의 진출을 생각한다면 전문 상학원을 목표로 하는 것이 좋고, 중국 및 한국기업과의 인맥, 학교의 배경 등을 고려한다면 명문대학 MBA를 선택하는 것이 좋을 것이다.

3) 본인의 역량

학교마다 언어나 교육시스템, 교육강도가 다르기 때문에 무턱대고 최고의 MBA만을 고집할 것이 아니라 자신의 수준에 맞게 선택하는 것이 현명하다. 특히 각 대학은 점점 수준을 높여가고 있으므로, 몇 년 전 졸업한 선배의 얘기만 믿고 학교의 수준을 낮게 보고 들어왔다가는 큰일 날 수 있으니 조심하기 바란다.

중국어와 영어, 두 개의 외국어를 해야 하는 문제는 무엇보다도 중요하다. 현재 중국의 MBA는 영어로 100% 수업을 하는 곳과 영어와 중국어를 병행하는 곳, 그리고 중국어로만 수업을 하는 곳이 있다. 필자의 주변에도 영어로 100% 수업을 하는 학교에 입학했다가 결국 언어의 부적응으로 중도에 포기한 사람이 있다. 한편 중국어를 거의 못하면서 중국어도 해야겠다는 욕심에 중국어와 영어를 병행하는 학교에 입학했다가 낭패를 본 사례도 있다.

덧붙여 상경계열 전공자가 아니라면 MBA에 오기 전에 어느 정도 지식을 습득하는 것이 좋으며, 특히 통계학이나 재무분석 등 기초 수학 지식을 요하는 과목은 한국어로도 어려운 과목이므로 미리 준비를 철저히 해놓는 것이 좋다.

4) 학교 위치와 활동 지역

중국은 영토가 광활한 만큼(한국의 97배) 활동무대도 매우 넓다. 중국은 지역별로 쓰는 언어도, 성격도, 먹는 음식도 모두 다르다는 것을 명심하고 학교를 선택해야 한다. 자신의 성격과 맞는 도시가 분명 있다는 것은 유학생과 주재원들 사이에서는 암묵적으로 인정되는 부분이라는 것을 독자들은 이해하기 바란다.

대표적으로 북경과 상해를 비교해볼 수 있다. 북경 사람들은 우리나라 사람들과 성격이 비슷하기는 하나 좀더 과격한 모습을 보인다. 북경 사람들과 성격이 맞는 한국인들은 뒤끝도 없고 성격도 화끈한 북경 사람들이 중국 사람들 중에서는 최고라고 평가하기도 한다. 또한 생활하는 데 무척 중요한 기후도 겨울에는 난방장치가 잘되어 있고 여름도 짧아 황사만을 빼고는 나름대로 살기 좋은 곳이라고 한다. 그러나 필자는 상해에서 10년 이상을 살아와서인지 사람도 기후도 북경은 전혀 맞지 않는다. 그러면 상해는 어떠한가?

상해 사람들은 어찌 보면 옛날 우리 어르신들이 말씀하시던 '서울깍쟁이' 같다고 표현할 수 있다. 의심이 많고 확실한 것을 중시하여 따지기를 무척 좋아하므로 북경 사람들과 성격이 맞는 사람이라면 상해 사람들과 어울리기는 힘들 것이다. 그리고 습하고 무더운 여름이 4개월 동안 계속되기 때문에 이런 기후를 싫어하는 사람이라면 상해를 택하는 것은 그리 잘하는 것이라 할 수 없다.

자신이 앞으로 활동할 곳이 어디라는 것을 정하고 나서 도시와 학교를 선택하는 것이 매우 중요하다. 자신이 좋아하는 곳에서 공부하고 활동하는 것이 성공의 50%는 보장해줄 거라는 점은 모두 공감하는 사실일 것이다.

중국 중요 거점 지역의 전문가를 목표로 하자

한국인을 위시한 많은 외국인들이 중국에서 MBA를 선택할 때 북경과 상해를 우선 고려 대상으로 삼는다. 그러나 지방분권이 확실히 되어 있는 중국에서 너무 많은 인재들이 한 곳에 집중한다는 것은 우리의 입지가 그만큼 좁아진다는 것을 의미한다. 확실한 관시를 만들고 성공하기 위해서는, 그리고 특별한 지역 전문가가 되기 위해서는 중국 기타 지역의 MBA에 지원하는 것도 좋다. 동북 3성(흑룡강성, 길림성, 요녕성), 광동성, 복건성, 절강성, 강소성, 산동성, 사천성 등이 우리가 관심 있게 지켜볼 지역들이다.

현재 한국인들 중에도 상해를 비롯한 장강삼각주 지역과 북경, 그리고 주강삼각주 지역의 전문가들은 많다. 그러나 그 외의 지역 전문가들은 희소성이 매우 높으므로 새로운 곳을 개척하는 입장에서는 고려해볼 만하다고 생각한다.

5) 교육시스템

각 대학마다 교육시스템이 다르고 분야별 강점도 다르므로 학교별로 특징과 강점을 알아볼 필요가 있다.

학습기간은 대부분 2년제(재직반 MBA는 3년)를 택하고 있기 때문에 기간이 학교 선정에 큰 요소가 되지는 않으나, 일부 학교는 기간이 조금 짧기 때문에 시간이 중요한 학생들일 경우 고려해볼 수도 있다.

학습과정 역시 비슷하므로 자신이 전공하는 분야의 강조 유무를 따지는 편이 현명하다.

6) 향후 계획과의 연관성

각 학교의 한국인 비율과 자신의 향후 계획을 연관지어보는 것도 활동영역을 결정하는 데 매우 중요한 요인이 될 것이다. 졸업 후에 진출해서 활동해야 할 곳이 어디인지에 따라 한국인 동문들과의 관계는 매우 중요하다. 다른 대학이나 대학원은 한국인끼리 모여 있으면 학업에 좋지 않은 영향을 미칠 수 있지만, MBA는 그 특성상 한국인 학생의 수와 그들의 출신지역과 학교는 중요한 고려 대상이 될 것이다.

또한 자신이 목표로 하는 기업이 특별히 선호하는 중국의 MBA가 있을 수 있다. 대기업에 근무하는 사람이라면 그 기업이 교류를 하고 있는 MBA도 있을 수 있기 때문에 이 점도 학교 선택에서 중요한 요소라고 할 수 있다.

7) 학비와 생활비

명문 MBA의 경우 대개 북경과 상해에 있기 때문에 생활비와 한국과의 거리, 지역의 중요성 등에서는 별 차이가 없다. 단, 학비 면에서 볼 때, 전문 상학원의 경우 그렇지 않은 MBA들보다 비싼 편이다. 그렇다 해도 중국 MBA의 학비와 생활비는 서구 MBA와 비교해선 매우 저렴한 편이다.

8) 인증기관의 인증 여부

AACSB(The Association to Advance Collegiate Schools of Business)는 세계 경영대학원 국제인증기관 중에서 가장 공신력 있는 기관으로 꼽힌다. 경영대가 갖춰야 할 요건을 정해놓고 이를 충족시킨 경영대에 인증을 부여해오고 있다. 세계적인 경영대학원들인 하버드, 워튼, 슬론, 켈로그 등 미국 내 유수 경영대학원들이 AACSB의 인증을 받아 회원으로 등록되어 있다. 미국 내에서도 인증 절차가 까다롭기로 유명하며, 인증 절차를 밟는 데만도 2~7년이 걸린다. 아시아에서는 홍콩 과기대학과 일본 게이오대학, 중국 북경의 북대국제MBA(BiMBA) 등이 인증을 받은 상태이다. 미국에 AACSB가 있다면 유럽의 인증기관으로는 EQUIS(The European Quality Improvement System)가 있다.

이런 국제적인 기관의 인증을 받은 학교라면 믿음이 가는 것이 사실이므로 인증을 받았거나 인증을 진행 중인 학교를 먼저 고려하는 것도 나쁘지는 않으나, 현재 중국 MBA의 사정으로는 이 점을 우선적으로 고려할 경우에는 좋은 학교를 놓칠 수 있음에 유의하자.

MBA 지원 실패담

나는 중국에서 오랫동안 일을 해온 베테랑 주재원이다. 주재원 생활을 하면서 얻은 것은 많다. 하지만 중국에서 살고 일하면서도 중국인 친구들이 별로 없다는 치명적인 사실이 부끄러웠고, 주변에서 어려운 일을 해결해 달라고 조를 때면 시간이 없어서 도와주지 못하는 척하는 내 모습이 너무 싫었다. 실은 능력이 없어서 도와주지 못하는 것인데 말이다. 주변의 권유도 있고 그런 망신도 더 이상 당하기 싫어서 나는 중국의 MBA에 도전하기로 마음을 먹고 조사를 시작했다.

그런데 조사 과정에서 여러 가지 부담이 생기기 시작했다. 우선 MBA 코스를 이수하는 것은 그리 만만하지 않아 보였고, 3년이라는 수업 기간이 내게는 너무 부담스러웠다. 파트타임으로 공부할 경우 3년 정도가 걸리는 것은 당연한 일이긴 해도, 결코 짧지 않은 그 시간은 고민이 되었다. 그래서 결국 2년에 할 수 있는 곳을 찾기 시작했다. 그러나 주변에서 충고하기를, 나이도 있고 머리도 많이 퇴화했으니 MBA는 무리라는 것이었다. EMBA를 놔두고 왜 사서 고생을 하려는지 모르겠다는 것이었다.

그래서 나는 결국 자신 없던 스스로를 위로하며 EMBA로 방향을 돌렸다. 그러나 EMBA는 경제적으로 부담이 되었다. MBA 과정의 두 배가 넘는 학비는 나로 하여금 또 고민을 하게 만들었고, 결국 최종적으로 EMBA 중에서 학비가 가장 싼 곳으로 마음을 굳혔다. 그리고 서류를 준비하고 학교 관계자들을 만나는 등 많은 노력을 기울였고, 입학은 거의 확정되어 갔다. 그러나 이번에는 학교가 나를 화나게 했다. 수업을 들어보고 실망을 하고 있던 차에 학교 측이 다른 학생에 비해 높은 학비를 요구해 오면서 나는 학교를 불신하게 되었고, 결국 입학을 포기하고 말았다. 돈을 주고 학위를 사는 것도 아니고, 학교가 원래 규정을 놔두고 외국인이라고 하여 다른 규정을 들이대는 것은 정말 참을 수 없었다. 나 자신 잠시였지만 안위와 학위에 눈이 멀고 관시를 만들겠다는 일념이 너무 강해서 마음이 흔들리기도 했다. 그러나 학문은 학문으로서의 가치가 있는 것이다.

나는 지금 북경 최고의 MBA를 준비하고 있다. 이미 마음먹은 MBA의 꿈, 이제부터 차근차근 다시 준비할 예정이다. 주변에서 무슨 말을 하든, 무슨 규정이 있든, 내가 정한 목표가 가장 중요하다는 것을 깨달았다. 이 책을 읽는 여러분들과 북경에서 만나 최고의 MBA 학생으로서 선의의 경쟁을 하고 싶다.

부디 여러분은 세태에 휘둘리지 말고 자신의 목적과 목표가 어디에 있는지 확실히 알고 준비하시기 바란다. 그것이 중국에서 MBA 과정을 이수하고 성공할 수 있는 지름길이 될 것이다.

3. 지원 절차

중국의 MBA는 학교에 따라 준비해야 하는 서류나 절차가 대동소이하다. 그래서 여기서는 중국 MBA 기본 준비 절차와 방법 등을 설명하도록 한다. 학교별로 자세한 내용은 PART II를 참조하기 바라며, 더 자세한 내용과 이 책에서 소개하지 못한 학교들에 대해서는 28~29쪽에서 소개한 학교별 사이트에서 확인한 후 준비에 만전을 기하기 바란다.

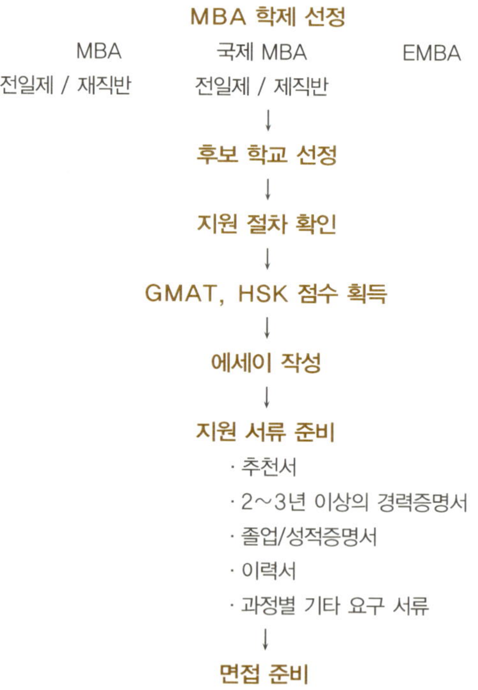

1) 어학점수 획득

GMAT(Graduate Management Admission Test)

GMAT는 경영대학원에 지원하려는 학생의 학문적 기본 자질을 평가하는 시험이다. 미국이나 캐나다의 경영대학원 MBA 과정에 지원할 때는 반드시 치러야 하며, 중국 MBA에 입학하기 위해서도 GMAT 점수가 필요하다. 중국 MBA, 특히 IMBA에서는 600점 이상(5년 이내 유효)을 요구하는 것이 일반적이다. 요즘은 지원자들이 많으므로 점수를 잘 받을수록 유리하다. 명문 중국 MBA 과정의 경우 입학생의 GMAT 평균점수가 640점을 상회하고 있으며, 일부 학교는 700점에 육박하는 경우도 있다. 본인이 지원하려는 학교의 GMAT 점수 평균과 입학이 가능한 최저 점수를 알아두고 준비해야 한다.

GMAT 개요

GMAT는 미국 ETS 산하의 GMAC라는 위원회에서 주관하며, 연중 4회(대개 1월, 3월, 6월, 10월) 시행된다. 점수는 200점부터 800점까지이며, 15문제 이상의 선다형 문제와 30분간의 작문시험으로 이루어진다. 크게 에세이, 영어, 수학 3부문으로 나뉘어져 있으며, Reading Comprehension, Critical Reasoning, Data Sufficiency, Problem Solving, Sentence Correction, Analytical Writing에 관한 문제들이 출제된다.

우리나라에서는 한미교육위원회에서 주관하고 있다. 시험방식은 TOEFL과 마찬가지로 컴퓨터를 이용하는 CBT 방식이다. 요강은 아래와 같다.

GMAT 요강

	Test Section	Number of Questions	Time
Analytical Writing Assessment	Analysis of an Issue	1 Topic	30m.
	Analysis of an Argument	1 Topic	30m.
	Optional Rest Break		5m.
Quantitative Section	Problem Solving	37 Questions	75m.
	Data Sufficiency		
	Optional Rest Break		5m.
Verbal Section	Reading Comprehension	41 Questions	75m.
	Critical Reasoning		
	Sentence Correction		

HSK(한어수평고시, 漢語水平考試, Hanyu Shuiping Kaoshi)

중국어만으로 수업을 하는 MBA 입학을 계획하고 있다면 HSK 6급 이상은 필수이다. 물론 높은 점수를 딸수록 유리하다. 그러나 HSK 점수만 높다고 문제가 해결되는 것은 아니다. MBA나 EMBA의 경우 대부분의 수업이 중국어로 진행되기 때문에 HSK 점수와는 무관하게 상당한 수준의 중국어실력을 갖춰야 한다.

HSK 개요

제1언어가 중국어가 아닌 사람의 중국어실력을 평가할 목적으로 만들어진 국가급 표준화 시험이다. 공식 명칭은 '중국교육부국가한어수평고시'이며, 한어수평고시의 한어병음표기인 Hanyu Shuiping Kaoshi의 머리글자를 딴 약칭이다. 영문으로는 Chinese Proficiency Test(CPT)이다.

세계 27개 국가 100여 개 고시지역이 있다. 초중등(3~8급), 고등(9~11급), 기초(1~3급) 3종류로 구분하여 실시되는데, 초중등 HSK는 영어의 TOEFL, 고등 HSK는 GRE 수준에 해당하는 시험이다.

중국국가한어수평고시위원회가 출제·채점 및 증서발급을 책임지며, 합격자에게는 성적표와 해당 '한어수평증서'를 발급한다. 한어수평증서 및 성적은 시험 당일로부터 2년간 유효하다.

HSK 요강

과목은 듣기(聽力), 문법(語法), 독해(閱讀), 빈칸 채우기(綜合塡空) 등 4 과목이고, 총 시험시간은 145분이다.

과목	문항수	시간
聽力理解 (듣기)	50	35분
語法結構 (문법)	30	20분
閱讀理解 (독해)	50	60분
綜合塡空 (빈칸 채우기)	40	30분
합계	170문항	145분

HSK 등급 일람표

증서 등급		등급 점수	등급 점수 범위
수준	급수		
초등증서	C	3급	152 ~ 188점
초등증서	B	4급	189 ~ 225점
초등증서	A	5급	226 ~ 262점
중등증서	C	6급	263 ~ 299점
중등증서	B	7급	300 ~ 336점
중등증서	A	8급	337 ~ 400점

GRK(管理類學生入學綜合考試, Guanlileixuesheng Ruxuezhonghe Kaoshi)

중국 공상관리석사학위 입학고시. 정식 명칭은 管理類學生入學綜合考試이다. 중국의 GMAT라고 보면 된다. 중국 학생들이 MBA나 경영학 관련 석사과정에 응시하기 위해 치르는 전국적 규모의 입학시험이다. 그러나 외국계 자본에 의해 설립된 상학원이나 전문 경영대학원은 이 시험을 치르지 않고 GMAT로 대체하거나 다른 방식으로 학생을 모집하기도 한다. 외국인에게는 해당되지 않는다.

2) 에세이

중국 MBA에 지원할 때 중요한 것 중의 하나가 에세이이다. MBA의 종류에 따라 영문 또는 중문으로 작성하여 제출하면 되는데, 미국 MBA에 지원할 때 제출하는 에세이와 비슷하다.

부록으로 영문 에세이와 중문 에세이 1편씩을 실었으니 참고하기 바라며, 여기서는 에세이에 자주 제시되는 주제들을 소개하도록 한다.

- 현재 재직하고 있는(혹은 마지막으로 다녔던) 회사와 부문에 대해 소개하시오.

- 회사의 업무 성격과 현재 직무에 대해 설명하고, 회사 기구를 도표로 그려 설명하시오.

- 최근 당신이 리더가 되었을 때(기업에만 해당하는 것은 아님)의 경험에 대하여 기술하시오. 그리고 간단하게 그 일의 직책과 책임에 대해 설명하고, 어떻게 일했는지에 대해 설명하시오. 그리고 거기서 무엇을 배웠는지를 기술하시오.

• 자신이 한 일 중 성취감이 가장 높았던 것 1~2가지를 설명하고, 왜 그렇게 생각하는지 그 이유를 설명하시오.

• 지금까지 업무에 종사하면서 어떤 성취를 얻었는지, 관리 부문에 있어 어떤 어려움을 겪었고 그것을 어떻게 해결했는지에 대해 기술하시오.

• 자신의 강점과 약점(추리능력, 수학재능, 사회교류, 관리능력 등)에 대해 기술하고, 성공한 기업가가 되려면 어떤 기본자질이 있어야 하는지에 대해 설명하시오.

• 자신의 장·단기 직업발전목표에 대해 설명하시오. 그리고 MBA가 당신의 직업발전목표에 어떤 도움이 되리라 희망하는지 기술하시오.

• 학업을 할 때 시간 부족 문제를 어떻게 해결할 것인지 기술하시오.

• 최종 목표가 무엇이며, MBA 학위가 그 목표에 어떤 도움을 줄 것이라 생각하는지 기술하시오.

• 평가위원들이 당신을 이해하는 데 도움이 될 만한 사항들이 있다면 간단하게 기술하시오.

3) 제출서류 준비

추천서

보통 2부의 추천서를 요구한다. 근무하던 회사의 상사나 졸업한 대학의 교수 등에게서 받으면 된다. 대부분의 학교는 입학원서 안에 추천서 양식이 있다. 그러나 양식에 얽매이지 않은 정성어린 추천서는 믿음을 더해줄 것이다.

2~3년 이상의 재직 경력 증명

재직하고 있는(던) 회사의 규모나 명성이 입학 당락에 영향을 미칠 수도 있다.

졸업증명서, 성적증명서

학교에 따라 영사관의 영사확인을 요구하는 경우가 있고, 공증을 요구하는 경우도 있다.

이력서

경력 위주로 간결하게 쓰되, 자신이 담당한 업무 성격을 잘 표현해야 한다.

여권 복사본 등

4) 면접 준비

주로 예상할 수 있는 범위 내에서 질문이 나오기 때문에 그에 대해 준비를 하면 별 문제는 없을 것으로 보나, 영어나 중국어 회화실력이 부족하여 대답을 하지 못하는 수준이면 입학이 어렵다. 다음은 영어 면접에서 주로 물어보는 질문들이니 참고하기 바란다.

업무경력에 대한 질문

- Give examples of how you have demonstrated leadership inside and outside the work environment.
- What is an activity you are involved in? Why is it important to you?
- Talk about experiences you have had at work.
- What do you want to do (in regard to business function, industry, location)?
- Describe an ethical dilemma faced at work.
- Describe your career aspirations.
- What is most frustrating at work?
- Name three words or phrases to describe yourself to others.
- How would co-workers describe you?
- Describe a typical work day.
- Have you worked in a team environment? What were your contributions to the effort?
- What contributions would you make to a group?
- What would you do if a team member wasn't pulling his own weight?
- What are your long-and short-term goals? Why?

MBA 지원 동기 등에 대한 질문

- Why are you applying to business school?
- Why the MBA? Why now?
- Why are you interested in a general MBA program?
- Why does this school appeal to you?
- What would you do if not accepted?

본인에 대한 질문

- Why did you choose your undergraduate major?
- Discuss any experience you have had abroad.
- How did you choose your job after college?
- What do you do to relieve stress?
- It's two years after graduation, what three words would your team members use to describe you?
- Describe a situation where you brought an idea forward, and it failed.
- How do you define success?
- Is there anything you would like to ask me/us?

4. 합격 비결

중국에서 유학하는 우리나라 학생 수가 기하급수적으로 늘기는 했으나 일각에서는 아직 부족하다는 견해도 있다. 율곡 이이 선생의 10만 양병설을 패러디한 '10만 중국 유학생 양병설'도 있고, 중국 대학원에 입학하기 위한 중국어 성적인 HSK 6급 이상을 얻은 학생들에게 국비장학생 자격을 줘야 한다는 얘기도 있다. 그리고 정치, 경제, 문화 방면에서 중국전문가를 키우기 위해 미국이나 유럽으로 보내던 국비유학생제도를 재정비할 필요가 있다고도 한다. 그 혜택을 중국 유학생에게 많이 줘야 한다는 데는 필자도 전적으로 동감한다. 중국시장은 지리적으로나 문화적 동질감에서 우리에게 매우 중요하며 미래가치가 뛰어난 곳이기 때문이다.

아무튼 지금 중국에서는 많은 한국인 유학생들이 자비를 들여 공부를 하고 있다. 미국, 일본, 캐나다를 누르고 중국이 우리나라 사람들이 유학을 제일 많이 가는 나라가 되었다. 2위인 캐나다의 19,000여 명보다 2배에 가까운 36,000여 명이 중국으로 유학을 갔으니 대단한 숫자가 아닐 수 없다. (공식 집계만 그렇고, 실제로 초, 중, 고, 대학, 그리고 언어연수생까지 합하면 10만 명 정도가 된다고 한다.) 실제로 중국에 유학 온 외국인들 중 한국인이 차지하는 비율은 42%를 넘고 있다.

이렇게 많은 한국인들이 중국에 유학을 오게 된 것은 지리적 근접성,

밀접한 정치 및 경제관계, 그리고 세계 최대의 시장으로 부상하고 있는 중국의 힘이 바탕이 되었음은 물론이다. 예전에 중국이 개방을 하고 얼마 안 되었을 때는 어느 분야도 제대로 정비가 되어 있지 않아 모든 곳에서 일이 비교적 잘 풀렸다. 교육 분야도 마찬가지여서 외국인이 중국의 대학 및 대학원에 진학하려고 하면, 친중국계 인사를 확보하기 위해서, 그리고 낙후된 대학 교육의 질을 높이기 위해서 비교적 쉽게 입학을 허가했다. 그리고 자국민보다 훨씬 비싼 등록금을 받았기 때문에 대학의 재정에 도움이 되었던 것도 사실이다.

그러나 지금은 상황이 달라지고 있다. 입학이 가능하더라도 졸업이 힘들다는 것은 방송 보도를 통해서도 익히 알려진 사실이다. KBS가 〈추적60분〉을 통해 보도한 바에 따르면, 중국의 최고 명문대학으로 꼽히는 청화대학 이공계에 지난 13년 동안 100명의 한국인 학생이 입학을 했으나 졸업한 학생은 불과 8명이라고 한다. 이제 예전과는 다른 양상을 보이는 중국 유학! 무엇을 고민해야 할지 다시 한 번 생각해봐야 할 것이다.

중국의 '세계의 공장'으로서의 역할과 세계 경제를 좌우하는 새로운 축으로서의 역할이 강조되면서 중국에 대한 관심이 높아지고 있고, 따라서 일본, 미국, 인도네시아, 베트남, 태국, 러시아, 프랑스, 영국, 호주 등지에서 중국으로 유학을 오는 사람들의 숫자가 매년 급속히 늘고 있다. 이것은 무엇을 의미하는가? 전세계의 학생들이 중국으로 몰리면서 유명한 대학들은 우리가 입학할 수 있는 공간이 점점 줄어들고 있다는 뜻이다.

상황이 이렇다 보니, 효과적인 합격 비결을 갖추고 중국 MBA에 도전해야 할 필요성이 커졌다. 그런 의미에서 여기서는 중요한 합격 비결 몇 가지를 집중적으로 살펴보도록 하겠다.

1) 선배들의 경험과 노하우를 적극 공유하자

아직까지 우리나라에서 중국 MBA는 잘 알려져 있지 않고, 관심을 갖는 이들도 적은 편이다. 그러다 보니 중국 MBA에 대한 정보를 얻기가 쉽지 않으며, 얻는다 해도 학교 홈페이지에 수록된 공개된 자료들뿐인 경우가 많다. 사실 유학을 간다는 것은 자신의 인생에 큰 영향을 미치는 결정인지라, 이런 공개 자료뿐만 아니라 실질적인 유학 정보가 무척 필요하다. 그러므로 현재와 같은 상황에선 선배들의 경험과 노하우를 적극 공유하는 것이 최선의 길이다. 중국 MBA에서 공부하고 싶다는 생각을 하고 있다면 적극적으로 선배들의 문을 두드려보자. 현지에 있는 재학생이나 졸업생들을 수소문해 만나보자. 중국 MBA 재학생이나 졸업생들 중 자신의 대학교나 직장 선배인 사람들의 자료를 구해 적절히 활용하는 지혜도 필요하다.

2) 경력을 잘 관리하자

중국 MBA에 입학하려면 일반적으로 기업체 근무경력이 2~3년 이상은 있어야 한다. 경력이 없어도 입학할 수 있는 학교도 있긴 하나, 입학허가를 받더라도 2~3년간은 회사를 다니고 와야 수업을 들을 수 있기 때문에 유념해야 한다. 자세한 내용은 학교별로 자세히 검토하기 바란다.

중국의 유명 MBA들은 이미 한국기업들에 대한 자료를 갖고 있고 각 기업의 인지도에 대해서도 자세히 알고 있으므로, 유명 기업체 출신들이 서류전형이나 면접에서 유리한 것도 사실이다. 그러나 아직은 걱정할 정도로 경쟁이 치열한 상태는 아니기 때문에 준비만 잘한다면 근무했던 직장 등의 조건 때문에 입학이 거부되는 경우는 드물다. (그러나 영어와 중국어 같은 기본소양 때문에 입학이 거절되는 경우는 필자도 많이 보아왔기 때문에 영어와 중국어는 확실히 해둬야 한다.)

이처럼 현재 중국 MBA에서는 직종이나 기업 등의 배경에 따라 학생을 가리지는 않으나, 향후에는 다음과 같은 직종을 선호할 것으로 예상되고 있으므로 참고하여 경력을 관리해야겠다. 즉, 은행, 증권, IT, 통신, 컨설팅, 대기업(다국적기업), 공기업, 공무원 등에 대한 선호가 두드러질 것이며, 제조업에 대한 차별대우가 심할 것으로 예상된다.

또한 아무래도 한국에서 유명한 회사, 특히 중국에서 유명한 회사의 직원들은 유리할 수밖에 없다. 삼성전자를 비롯한 삼성그룹 출신, LG그룹 출신, SK그룹 출신 등 중국에서 이름이 널리 알려진 기업 출신 학생들에게는 아무래도 인센티브가 주어지는 것이 사실이다. 다음으로 금융, 전자, 정보통신, IT업계, 상장회사 등의 직원과 공무원 및 준공무원(공사직원) 등 중국의 요구에 부응하는 업종과 관련된 경력을 지닌 경우에는 잠재력과 학생의 미래가치 부문에서 많은 점수를 받을 수 있을 것이다.

3) 영어와 중국어를 철저히 준비하자

전세계의 우수한 학생들이 중국의 명문 MBA로 몰려들고 있는 상황에서 어떤 대비를 해야 하는가? 특히 영어를 자신의 모국어로 쓰거나 모국어에 가깝게 쓰는 학생들과 경쟁해야 하는 상황에서 말이다. 거기에다 중국어도 아주 잘해야 한다.

GMAT 성적은 최하 요구조건이 학교마다 다르지만 대개 600점을 요구한다. 점수야 높으면 높을수록 좋은 것은 말할 필요도 없다. 대학별로 조금씩 차이는 있지만, 합격생의 GMAT 성적 평균은 600점이 넘고, 700점에 육박하는 학교도 있다. 600점 이상을 받아놓은 학생 중에서 영어 면접에 자신이 있는 경우라면 높은 GMAT 성적을 위해 시간을 투자하기보다는 중국어에 집중적으로 시간을 할애하는 것이 좋다.

그리고 같은 조건에서 HSK 점수가 9급이나 10급일 경우 입학 여부를 결정짓는 데 유리한 조건이 될 수 있다는 것이 학교 관계자들의 말이고 선배들의 조언이다.

이런 겉으로 드러난 성적표 외에, 앞서 수차 강조했듯 영어와 중국어 모두 말하고 듣고 읽고 쓰는 능력을 거의 완벽하게 갖춰야 한다. 예전에는 대충만 해도 입학하는 데 그리 큰 문제가 되지는 않았다. 그러나 앞으로는 우리에게도 영어권 학생들과 동일한 자격요건을 요구할 것이 분명하다. 따라서 중국 MBA에서 요구하는 조건에 철저히 준비할 필요가 있다. 중국 MBA를 가볍게 보았다가는 졸업이 늦어져서 괜한 시간을 낭비할 수 있다는 사실을 명심하고 입학준비를 해야 한다.

4) 입학과 졸업을 동시에 준비하자

입학을 준비함과 동시에 졸업을 준비하는 자세가 필요하다. 중국의 전일제 MBA는 대부분 2년제로 이루어져 있다. 2년이면 졸업을 할 수 있다는 말인데, 과연 2년 만에 졸업한 한국인 학생이 몇이나 되고, 중도에 포기하지 않고 졸업한 학생은 또 얼마나 될까? 이 책을 읽고 중국의

MBA를 준비하는 학생들은 중국에서 실패하거나 늦게 졸업한 선배들의 전철은 절대 밟지 않기를 당부한다.

입학 준비가 곧 졸업 준비가 될 정도로 철저히 입학을 준비해야 중국 MBA를 통해 자신의 가치를 높일 수 있고, 투자비를 최소화할 수 있다. 제시간에 졸업하는 것 자체가 MBA에서 배운 투자회수와 관련한 첫 번째 실행이기도 하고 자기 자신에게도 큰 득이 되는 일이다. 먼저 자신을 철저히 관리하는 '자신의 MBA'를 터득하는 것이 중요하다. 그것이 합격의 지름길임은 물론이고 정상적으로 졸업하는 지름길이다.

많은 선배들이 중국은 3년 안에는 졸업을 안 시킨다, 2년 안에 졸업하는 건 불가능하니까 아예 3년을 생각하라, 등의 얘기를 많이 한다. 모두가 낭설이다. 1년 늦게 졸업하는 일은 자신을 갉아먹는 일이 되어 후에 큰 후회를 할 것이 틀림없다. 필자의 조언을 명심하기 바란다.

5) 에세이는 매우 중요하다

사실 영어나 중국어를 모국어로 하지 않는 우리로서는 영어나 중국어로 에세이를 쓴다는 것이 큰 부담이 아닐 수 없다. 하지만 에세이를 통해 자신의 능력과 잠재력을 보여줘야 하므로 에세이를 잘 쓰지 못한다면 합격이 어려워지는 것은 사실이다.

에세이를 준비할 때는 우선 자신이 지원하는 학교의 특성을 파악하고, 어떤 인재상과 어떤 에세이 스타일을 원하는지를 파악해야 한다.

둘째, 다른 사람이 쓴 에세이를 많이 보는 것이 좋다. 영문 에세이의 경우 미국 MBA 에세이 사례들이 많이 공개되어 있으니 이를 참고하면 도움이 될 것이다.

셋째, 자신만의 테마를 선정해야 한다. 자신의 에세이 테마를 무엇으로 할 것인지를 정해놓고 쓰는 것이 좋다. 테마에 맞는 좋은 표현과 단어들을 미리 생각해놓는 것도 좋은 방법이다.

넷째, 초안을 쓰고 난 뒤 신뢰할 수 있는 사람에게 교정을 부탁하도록 한다. 지원하려는 학교의 선배나 영어나 중국어를 모국어로 사용하는 사람의 눈으로 자신의 에세이를 검토하게 한다.

6) 추천서 준비를 잘하자

학생을 제대로 평가한 제대로 된 추천서는 입학 서류의 기초라고 할 수 있다. 대개 졸업한 학교의 교수나 다니고 있거나 다녔던 회사의 상사로부터 추천서를 받는데, MBA의 특성상 비즈니스와 관련된 사람의 추천서가 좀더 유리하며, 회사 상사의 추천서라면 직위가 높은 사람이 써준 정성어린 추천서가 합격에 도움이 될 것이다.

대부분의 학교에서 추천서 양식을 제공하지만, 이에 얽매일 필요는 없다. 오히려 틀에 박힌 형식과 내용의 추천서보다는 자신을 돋보이게 할 수 있는 추천서가 유리할 것은 당연한 일이다. 가급적이면 추천인으로부터 직접 추천서를 받아야겠지만, 자신이 추천서 초안을 준비한 후에 의뢰하는 것도 시간과 효율성 측면에서 유리할 수 있으니, 상황에 따라 대처하기 바란다.

7) 면접은 자신 있는 태도로 임하자

면접관들은 지원자의 이력서와 에세이, 추천서 등을 참고하면서 면접을 진행하므로, 자신이 제출한 서류의 내용을 잘 숙지하고 면접에 응하면 큰 무리가 없을 것이다.

한 가지 당부한다면, 모든 면접이 마찬가지겠지만, 자신 있는 태도로 임하도록 하자. 조금 말이 서투르더라도 자신 있게 대답한다면 호감을 줄 수 있을 것이다.

MBA 입학 준비는 가능하다면 중국에서 하자

MBA 입학 준비를 반드시 한국에서 할 필요는 없다. 형편이 된다면 중국에 와서 중국어를 공부하면서 중국의 문화도 배우고, 정보도 수집하고, 가능하다면 MBA 교수들과 의논하여 청강을 신청해보기도 하고(어렵겠지만 불가능한 일도 아니어서, 이 일을 성사시키고 나면 합격의 문에 조금 더 다가설 수 있을 것이다), 중국인 친구도 사귀는 등 입학 준비 기간을 최대한 활용하면 입학에 도움이 될 뿐 아니라 좋은 추억도 될 것이다.

급변하는 중국의 현실

중국은 WTO에 가입한 후 여러 가지 새로운 정책을 쏟아내고 있다. 그러나 불행히도 우리 일반인들이 중국의 변화하는 정책을 제대로 알 수 있는 통로는 거의 없다. 중국시장의 개방정책을 심도 있게 연구하지 않으면 개인이 중국에 진출해서 성공할 수 있는 확률은 매우 적다. 많은 기관과 개인이 변화하는 중국을 제대로 알기 위해 노력해야 할 때가 되었다. 그런 의미에서 여기서는 중국의 현실과 관련하여 장밋빛 전망은 빼고 조심해야 할 부분과 어두운 부분을 설명하도록 하겠다.

중국을 아직도 예전의 가난한 나라로 생각하는 사람들이 간혹 있어 당혹스러울 때가 있다. 그러나 중국은 예전의 중국이 아니다. 중국에서 10년째 살고 있는 필자도 어떤 도시를 1, 2년 만에 방문하면 그 달라진 모습에 무척 놀란다. 중국은 그만큼 빠르게 변하고 있다. 보도에 따르면 향후 10년 내에 상하이가 홍콩을 앞지를 것이라고 한다. 얼른 듣기에는 그리 희망적이지 않으나, 속을 들여다보면 독자들도 수긍이 갈 것이다. 다국적기업들의 아시아 총본사가 상하이로 집중되고 있다. 머지않아 상하이가 소득과 소비에서 우리를 앞설지 모른다는 불안감조차 들 지경이다. 그 힘이 어디서 나오는지 앞으로 차근차근 짚어볼 일이다.

그러나 이런 외형과 수치만을 보고 중국에 진출한다면 문제가 있을 수 있다. 경제지표가 좋고, 시장도 개방되고, 외국인에게 비교적 관대하고, 제조업만을 놓고 봐도 우리보다 좋은 조건이 한둘이 아니다. 그러나 중국에서 쏟아내는 수많은 법률과 조례 등을 올바로 이해한 후 진출하지 않는다는 것이 큰 문제이다. 중국은 빠르게 변하고 있다. 경제도, 법률도, 사람들도.

실제로 최근 들어 상하이는 투자가 점점 어려워지고 있다. '상하이가 왜?' 하고 반문하는 독자들이 있을 것이다. 중국은 외국 자본을 못 끌어들여서 안달이 아니던가? 그러나 시대가 많이 변했다. 필자가 10년 전 상하이에 막 발을 들여놓았을 때는 업종을 불문하고 외국기업이 투자를 한다고 하면 환영을 받았다. 그러나 10년이 지난 지금은 다르다. 이미 전세계 유수 제조업체 대부분이 상하이에 투자를 했고, 금융업, 의약업, IT산업 등 이른바 돈 되고 환경에 나쁜 영향을 미치지 않는 많은 업종들이 상하이에 투자를 하고 있다. 이런 상황이니만큼 무모하게 투자를 결정해서는 안 된다.

필자와 오랜 친분을 갖고 있는, 노동집약산업의 대표적인 업종(완구)에 종사하는 한 사장님은 상하이에 투자를 한 지 9년이 되었는데, 너무 많이 상승한 최저임금과 공무원들의 압력, 그리고 주변 지역 주민들의 각종 투서 및 고소 때문에 상하이를 포기하고 주변의 다른 성(省)에 공장부지를 마련한 후 이전 준비를 하고 있다. 상하이에서 노동집약적 산업과 환경에 나쁜 영향을 주는 산업은 이제 천덕꾸러기가 되었다. 세계 유수의 화학업체인 미국의 존슨앤존슨그룹(중국명 强生(中國)有限公司)도 이런 저런 이유로 상하이를 떠나 안후이성(安徽省)으로 생산본부를 완전히 이전했다. 안후이성의 입장에서는 그런 대그룹의 투자를 마다할 리 없어서, 적극적으로 투자를 유치하며 각종 혜택을 줬다는 후문이다.

현재 중국에 투자를 생각하고 있다면 업종과 판매처를 잘 생각해서 투자할 장소를 정해야 한다. 미주나 기타 지역으로 수출을 할 업종인지, 임가공을 해서 한국으로 수출을 할 것인지, 중국에서 내수를 할 것인지에 따라 투자 장소는 달라야 할 것이다. 중국은 물류비가 만만치 않기 때문에 장소는 더더욱 중요하다.

중국 MBA 생활

1. 중국에서 생활하기

1) 숙식 방법

중국에서 유학을 할 때 숙식은 기숙사 생활과 외부 거주 둘 중 하나를 선택할 수 있다. 많은 학생들이 아무래도 초기에는 전자를 택하고, 중국 생활에 조금 적응하고 나면 후자를 선택한다. 두 가지 생활방식을 나누어 설명해보기로 한다.

기숙사 생활

기숙사는 두 가지 측면에서 선호된다. 첫 번째는 경제적인 측면인데, 현재 중국 대학의 기숙사비는 우리의 주머니 사정에 비해 그리 비싼 편이 아니다. (제일 좋은 시설을 보유하고 있다는 상해 장강상학원의 경우 1년에 13,200위엔이고, 그에 못지않은 CEIBS의 경우 12,450위엔~24,900위엔 정도이다.) 그러나 학교마다 기숙사의 수준이 최고급 호텔 수준에서 여인숙 수준까지 천차만별이므로 학교의 기숙사 사정을 파악하고 나서 기숙사 거주 여부를 결정해야 할 것이다.

기숙사가 선호되는 두 번째 측면은 안정적이고 안전하기 때문이다. 많은 중국인, 외국인 친구를 사귈 수 있고, 비교적 안전한 위치에 있어 치안에 그리 신경 쓸 필요도 없다.

기숙사를 선택했던 학생들 중에 중국 생활에 적응하는 기간인 6개월을 못 견디고 외부 거주로 바꾸는 이들이 있는데, 그런 학생들의 중국 유학 성공률은 그리 높은 편이 아니다. 담배를 10년 이상 피우던 사람이 하루아침에 담배를 끊는 일과 맞먹을 정도로 외부 생활의 유혹에서 벗어나지 못하는 경우를 자주 본다. 그러나 MBA 과정은 그리 녹록치 않기 때문에 이런 유혹에 빠지는 순간 실패한다고 볼 수 있다. 결국 자신을 잘 통제하고 관리하는 수밖에 별다른 방법이 없다. 자신을 통제할 자신이 없다면 무조건 기숙사에서 생활하는 것이 중국 유학생활에서 성공하는 지름길이다.

외부 거주

외부 거주를 선택하는 이유는 단체생활에서 오는 통제를 거부하고 자유를 만끽하기 위해서일 것이다. 그러나 MBA는 그 특성상 동문들과 유기적인 관계를 맺지 못하면 졸업 자체가 힘들 만큼 어려운 과정이기 때문에, 특별한 이유, 즉 가족이 함께 왔다거나 특별한 병이 있다거나 하는 경우를 제외하고는 외부에서 거주하지 않는 것이 좋다. 그리고 외부에서 살다 보면 한국인끼리의 만남이 잦아지면서 공부에 방해를 받을 수도 있다.

경제적인 측면에서도 외부에서 거주하려면 기숙사보다 못한 수준으로 살아도 돈이 더 들기 때문에 특히 물가가 비싼 북경과 상해는 심각하게 고려해야 한다. 일반적으로 학생들의 경우에는 임대료가 1년에 24,000위엔에서 36,000위엔 정도이며, 학생의 가족 전체가 이주하는 경우에는 36,000위엔에서 48,000위엔 정도라고 보면 된다. 참고로 일반 대기업의 주재원들이 생활하는 아파트의 연 임대료는 180,000위엔 이상이다.

2) 지역별 생활 정보

북경

북경은 중국의 수도이기 때문에 아무래도 우리나라를 비롯한 외국인 학생들이 제일 먼저 고려하게 되는 곳이고 선택하는 비율도 가장 높은 곳이다. 실제로 중국의 도시 중 우리나라 유학생이 가장 많이 진출해 있는 곳이기도 하다. MBA 과정도 북경이 가장 먼저 고려의 대상이 되는 것은 어쩌면 당연한 일인지도 모르겠다.

북경은 우리나라 학생들이 많이 진출해 있다 보니 생활적인 측면에서 불편함이 전혀 없다. 우리나라 학생들이 선호하는 대학의 주변 지역에는 한국 음식점을 비롯해서 주점, 노래방까지 없는 게 없을 정도로 편의시설과 유흥시설이 갖춰져 있다. 김치가 필요할 때도 전화 한 통만 하면 배달이 되고, 몇 분 걸어가서 김치를 직접 사올 수도 있다.

그러나 이런 편의시설에 대응해 유흥시설도 만만치 않다는 것을 알아야 한다. 그러나 그것은 유학생활에 독이 될 수 있는 부분이다. 노래방, 포장마차, 호프집, PC방 등은 유학생활의 고단함을 달래주고 스트레스를 해소해주는 시설이기는 하나, 약으로 이용할지 독으로 이용할지는 본인의 의사에 달려 있다.

필자가 대만에서 유학을 하던 시절에는 아르바이트를 해가며 공부를 하는 바람에 이런 유혹에서는 멀리 떨어져 있을 수 있었다. 그러나 중국은 아르바이트를 할 수 있는 상황이 아니기 때문에 남는 시간을 유용하게 잘 활용하는 지혜가 필요하다. 한 달 내내 한국계 회사에 나가서 일을 한다 하더라도 한화로 20만원에서 30만원 밖에 못 받는 경제시스템 속에서 돈을 벌 수 있는 기회는 그리 많아 보이지 않는다.

다만 한국 주재원들의 자녀를 가르치는 가정교사 아르바이트는 시간을 너무 많이 빼앗기지 않는다는 조건에서는 도전해볼 만한 일이다. 북경은 우리 주재원이 많이 진출해 있는 곳이니만큼 루트를 잘 뚫어본다면 그리 어려운 일은 아닐 것이다. 유학생활에서 어려운 점을 의논할 수 있는 선배를 만날 수도 있고, 한국 음식을 먹을 수도 있으며, 미래에 대한 조언도 들을 수 있다는 점에서 주재원 자녀들을 가르치는 일은 꽤 매력적인 일이다. 주재원들도 우수한 인재에게 자녀를 맡길 수 있으므로 이게 바로 윈-윈 전략이 아닌가 싶다.

상해

중국의 경제수도라 불리는 상해는 그야말로 세계가 주목하는 중국경제의 중심으로서 그 빛을 더해가고 있다. 수도 북경에서 입안자(立案者)들의 향기가 풍기듯이 상해의 공기 중에서는 돈의 향기가 난다 해도 과언이 아니다. 전세계의 돈이 몰려서 발전의 선순환을 타고 있는 곳이니만큼 유망한 젊은 기업가들이 가장 많이 탄생하는 곳이기도 하다. 이런 상해의 특성상 상해의 MBA를 선택하는 것은 미래를 내다보는 가장 탁월한 선택이 될 수도 있다. 중국의 경제를 이끌어가는 인재가 상해에서 배출될 것이고, 그 중심에 상해의 대학이 있으며, 그 안에 MBA가 있을 것이기 때문이다.

신사의 동네라고 표현해도 될 만큼 상해는 북경이나 동북지역과는 분위기가 다르다. 그러나 대학 주변의 한국인 관련 시설들은 북경과 그리 다르지 않다. 규모면에서 조금 차이가 나는 것 말고는 북경의 축소판이라고 할 수 있다. 그래서 북경과 마찬가지로 자신의 생활을 잘 통제하는 것이 유학생활의 성공의 열쇠일 것이다. 그리고 상해의 유명 MBA들은 한국 주재원들이 집중적으로 모여 살고 있는 곳에서 멀리 떨어져 있기 때문에 아르바이트는 거의 불가능해 보인다.

여러 가지 이유로, 집중적으로 공부해서 학위를 취득하고 중국의 발전상을 직접 눈으로 확인하고 싶은 사람이라면 상해는 최적의 도시로 볼 수 있다. 다만 난방장치가 안 되어 있으므로 몇 번의 독한 감기에 시달릴 각오는 해야 하며, 무더운 여름이 4개월 정도 지속된다는 사실도 주지해야 한다. 상해 사람들은 온순하고 과격하지 않으므로 생활하면서 사람들로 인해 그리 큰 스트레스를 받지는 않을 것으로 생각된다.

3) 생활비

중국의 MBA 과정들에서 제시한 것을 보면, 중국에서의 생활비는 학비와 기숙사비를 제외하고 개인 용돈을 대략 월 2,000위엔으로 잡아놓았다. 기숙사에서 생활한다면 2,000위엔 정도면 충분할 것이다. 그러나 돈이란 쓰기 나름이므로 2,000위엔을 최소한의 생활비라고 생각하고 조금 더 준비하는 것이 안전할 것이다. 필자의 소견으로는 3,000위엔 정도는 있어야 스트레스도 조금씩 풀며 생활할 수 있지 않을까 생각한다.

가족과 함께 오거나 외부에 거주할 경우에는 교통비, 전기세, 수도세, 관리비 등 많은 추가비용이 필요하며, 독신일 경우보다 생활비가 두 배 정도 필요할 것이다.

4) 일상생활에서의 태도

다음은 중국에서 생활할 때 가져야 할 태도들이다.

첫째, 무엇보다도 건강을 챙겨서 병원에 갈 일을 만들지 말아야 한다. 중국의 병원은 오진률이 워낙 높은 데다(큰 병은 가능하면 한국에서 진단과 치료를 받는 게 좋다) 외국인에 대한 병원비가 워낙 비싸다. 요즘은 한국계 병원들이 많이 생겨서 교민사회에 큰 힘이 되고 있긴 하지만, 이마저도 비용 때문에 망설이게 되는 경우가 많다.

둘째, 중국산 식품에 주의해야 한다. 중국의 식품 중에는 검증받지 않은 제품들이 너무나 많다. 특히 농산품에는 농약이 많이 뿌려져 있으므로 철저히 오랫동안 씻어야 한다. 식품의 경우, 가능하면 한국산을 이용하는 편이 좋으며, 브랜드 없는 싸구려 식품은 절대 구입해서는 안 된다.

셋째, 상비약은 한국 것을 준비하는 것이 좋다. 중국에는 위험한 약이 많고 밤에는 어디서 약을 구하기도 어렵다. 의사의 처방이 필요 없는 약들은 되도록이면 구해놓는 게 좋다. 소화제, 해열제, 상처치료제, 설사약, 대일밴드, 온도계 등 일반적인 상비약을 준비하자.

넷째, 가급적 중국인과의 시비를 피해야 한다. 중국인과 싸움을 하다 잘못하면 몰매를 맞는 수가 있다. 필자가 한번은 공항에 회사 상사를 마중나간 일이 있었다. 공항 주차장 앞에서 차가 엉켜서 움직이지 않는 상황에서 뒤의 차가 계속 경적을 울리기에 앞을 가리키며 이해를 구했다. 그런데 엉킨 차선이 풀리고 필자가 직진을 하려고 할 때 갑자기 그 차가 필자의 앞으로 끼어드는 바람에 사고가 날 뻔했다. 필자는 그 기사와 시비가 붙었고, 홧김에 한국말로 말을 했다. 그랬더니 주변의 거의 모든 중국인이 필자에게 몰려와서 큰 일이 날 뻔했다. 중국에서는 절대 중국인과 시비에 휘말리지 않도록 조심, 또 조심하자.

다섯째, 싼 게 비지떡이라는 것을 명심해야 한다. 중국의 싸구려 옷은 질이 나빠 피부가 상하는 경우가 많다. 필자가 한번은 유명한 도매시장에서 아주 싼 가격에 선글라스를 구입했는데, 너무 어지러워서 쓰고 다닐 수가 없었다. 또 값이 싸다고 해서 물건을 사면 이것저것을 추가로 구입하라고 반강제적으로 현혹하는 경우도 있다. 그러므로 되도록이면 싸구려 제품은 쳐다보지도 않는 게 상책이다.

여섯째, 혹시 운전을 한다면 절대로 음주운전은 하지 말아야 한다. 사고가 나면 엄청난 고통과 경제적 손실을 감수해야 한다. 외국인은 현지인보다 더욱 더 큰 고통을 받게 된다는 점을 명심하자.

일곱째, 오토바이를 이용하지 말자. 지금 중국에는 오토바이를 이용하는 사람이 늘어나면서 사고가 많이 발생하고 있다. 필자가 거주하고 있는 상해 총영사관 관할지역에서도 이미 2명의 유학생이 오토바이 사고로 사망한 사건이 보고된 것을 보면, 오토바이 사고가 적지 않게 발생하고 있는 것으로 보인다. 중국은 아직 교통질서가 정착되어 있지 않다. 중국에 유학하는 중에는 절대로 오토바이의 유혹에 넘어가지 않을 것을 권한다.

여덟째, 값싼 유흥에 빠져들지 말아야 한다. 노래방비도 싸고, 술값도 싸고, 그 외의 모든 놀이가 싸게 느껴지는 순간, 유학생활은 끝 모를 방탕으로 빠지게 될 것이고, 학위는 결국 날아가게 될 것이다. 2년의 세월을 잘 관리하려면 음주가무에는 가급적 접근하지 않는 것이 좋다.

중국의 명절과 선물

중국에서 가장 큰 명절은 앞에서 언급했듯이 춘절과 추석이다. 그 외에 일반 국민들이 기다리는 명절로 5월 1일 노동절, 10월 1일 국경절(개국기념일)이 있으며, 민속명절인 단오절과 동지, 음력 1월 15일 원소절 등이 있다. 민속명절에는 전통적으로 팥이 들어 있는 동그란 찹쌀떡을 먹기도 하고, 쫑즈라고 해서 나뭇잎에 싸서 만든 찹쌀밥을 먹기도 한다. 5월 1일 노동절에는 대부분 1일에서 7일까지 일주일간 휴가를 받는다. 10월 1일 국경절에도 마찬가지로 7일간의 휴무를 갖는데, 이때 많은 중국인들은 국내 명소를 여행하거나 외국으로 여행을 떠난다. 경제의 비약적인 발전으로 지금 외국에는 중국인 관광객들이 넘쳐 난다고 한다.

5) 유학생활 최대의 적 - 외로움

타국에서 유학을 할 때 최대의 적은 뭐니 뭐니 해도 외로움이 아닌가 한다. 외로움을 슬기롭게 이겨내야만 성공적인 유학생활을 할 수 있다.

외롭다는 것은 누군가에게 쉽게 의지하게 된다는 것을 의미하기도 한다. 그러다 보면 신중하지 못하게 이성교제를 하기가 쉽고, 그러다 보면 잘못된 만남이 되기가 쉽다. 지금 중국에 있는 많은 사람들이 걱정 어린 시선으로 보는 것 중 하나가 유학생활 중의 동거이다. 윤리적인 차원에서 염려하는 것은 아니다. 그보다는, 동거는 유학생활에서 가장 중요한 '학업'에 좋지 않은 영향을 미쳐 제때에 졸업하지 못하는 경우가 적지 않기 때문이다. 단순히 외로움을 치유할 목적으로 한 행동이 인생을 좌우할 수도 있다는 사실을 명심하고 학업에 전념하라고 충고하고 싶다.

그리고 외롭다는 이유로, 혹은 놀고 싶어서 자주 귀국하는 것도 절대 바람직하지 않은 태도다. 그런데 안타깝게도 요즘 주변에서는 한국을 안방 드나들 듯 하는 유학생들을 심심치 않게 볼 수 있다. 그들이 한국에 가서 무엇을 하며 시간을 보낼지는 불을 보듯 뻔하다. 친구들을 만나고, 술 마시고, 쉬고, 여행하고, 등등. 과연 이런 귀국이 짧은 중국 유학생활 중에 필요할 것일까?

방학 동안에는 중국 친구의 집을 방문하거나 중국을 여행하면서 그들의 문화를 접하려 노력하고, 아르바이트를 하면서 피경영자로서의 경험을 해보는 것도 좋다. 그러면서 중국인들과 돈독한 관계를 맺고 훌륭한 문화 외교관 역할을 할 수도 있다. 절대적으로 필요한 귀국이 아니라면 2년간은 중국에서 중국 사람으로 살기를 권한다.

2. 보람 있는 학교생활을 위하여

1) 학교생활에 충실하자

기숙사에서 생활을 하든, 외부에서 방을 빌려서 생활을 하든, 가장 중요한 것은 학교생활에 충실해야 한다는 것이다. 규칙적인 생활을 하지 않으면 중국 유학생활을 온전히 아름답게 끝내기 힘들다는 것은 중국에서 유학을 하다 실패한 선배들의 사례를 보면 잘 알 수 있다.

가장 중요한 것은 수업을 따라가는 것인데, 중국의 유수 MBA에서 공부하는 선배들의 말을 들어보면 잠을 제대로 잘 수 있는 경우가 드물 정도로 과정을 따라가기가 힘들다고 한다. 특히 전일제 MBA에 입학하면 수업의 부담이 보통이 아니라는 사실은 잘 알려져 있다. 수업과 과제물, 예습, 복습, 연구 등이 미국의 MBA와 별다를 것이 없는 데다 팀을 이루는 수업에서 중국어의 부담도 만만치 않다.

중국의 MBA 유학생활은 짧으면 18개월에서 2년이고, 보통 3년 안에는 학업을 마치게 되는데, 이 시간은 절대 길지 않다. 공부에 전념하고 영어에 중국어까지 마스터하려면 이 시간은 더욱 짧게 느껴진다. 그리고 인맥, 즉 관시를 만들려면 중국인 친구 및 외국인 친구들과의 사교까지 신경을 써야 한다.

놀 것 다 놀고, 할 것 다 하고는 학업을 제시간에 마치기는 불가능하다. 수업을 가장 중요시하고, 리포트를 열심히 준비하고, 중국인을 포함한 외국인 친구들과 스터디그룹을 구성하여 함께 공부하는 등 적극적으로 학교생활을 해야 한다. 그러지 않으면 한국인들끼리 뭉치게 되고, 결국 서로를 망치게 될 것이 불을 보듯 뻔하다.

필자의 경험으로 보아도, 기숙사에서 지내면서 자기관리를 잘하고 중국인 친구들과 친하게 지낸 선배가 졸업도 가장 빨리 하고, 중국어도 제일 잘하고, 사회에 나와서도 제일 성공했다는 평가를 받는다.

경력을 쌓으러 온 중국의 MBA 유학생활이 오히려 경력을 후퇴하게 만들고, 심한 경우 경력에 오점을 남기게 될 수도 있다. 풀어진 나를 다잡고 시작하는 중국 유학생활이야말로 MBA를 성공으로 이끌 것이고, 사회에 나가서 좋은 결과를 얻게 할 것이다.

북경대 MBA를 졸업한 한 학생은 필자에게 이렇게 말한다. "수업을 들을 때, 그리고 리포트를 작성할 때 영어 때문에 고생하는 한국인들이 많습니다. 교수님들이 어느 정도 감안을 해주실 거라고 믿고 있다가는 졸업을 못합니다. 저도 영어에는 어느 정도 자신이 있었음에도 한 과목을 통과하지 못해 졸업을 못할 뻔하다가 결국 방학을 이용해 수업을 듣고 재시험을 치른 후에야 겨우 졸업할 수 있었습니다." MBA에서는 봐주는 일은 결코 없다는 것이다. 대충 해도 외국인이니까 졸업은 시켜주겠지, 하는 생각이 중국 유학생들 사이에 팽배해 있다. 절대 그런 배려는 없다는 사실을 알고 학교생활과 배움에 정진해야 한다.

2) 미래의 취업을 위한 준비를 병행하자

IMBA와 일부 상학원의 경우에는 교환학생으로 다른 나라에 가서 수업을 들을 수 있는 기회가 있다. 그러나 필자는 그보다는 중국에서 계속 공부하면서 자신의 미래를 위한 대비를 철저히 할 것을 권하고 싶다.

인턴십에 적극적으로 참가하고, 한국기업만이 아니라 다국적기업에 가서 우리와 다른 경영방식과 기업문화를 체험하는 일은 중국에서 MBA를 하면서 얻을 수 있는 보람 중 하나일 것이다. 기회가 된다면 중국인 동문들의 도움을 받아 중국기업을 체험하도록 하라. 일생의 좋은 경험이 될 것이다.

3) 중국인 · 외국인 친구들을 많이 사귀자

같은 학교에 한국 유학생이 있다고 해서 그들과만 어울리지 말고 중국인 친구들과의 관계에 공을 들여야 한다. 식사를 하든, 운동을 하든, 중국인 친구를 사귀어 함께할 수 있도록 하자. 중국인 동문들과 유대를 돈독히 하면 학업에도 도움이 될 것이고, 중국의 문화와 사회를 경험할 기회도 더 많이 얻을 수 있다. 또한 사회에 나가 중국과의 사업에 관여하게 된다면 중국의 문화적 특성상 최고의 파트너가 될 공산이 크다.

유학을 할 때 어려운 부분 중 하나가 한국인 친구들과의 관계다. 한국인 친구가 없어도 안 되지만 너무 많으면 유학생활에 피해가 올 수도 있기 때문이다. 한국인 친구들과 지나치게 어울리면 졸업이 늦어지거나 중국어실력과 전문지식을 쌓지 못하는 등 그 피해가 적지 않다. MBA에 몸

담는 2년간은 외국인 및 중국인과 사귀면서 유학생활의 목적을 달성할 수 있도록 하자.

4) 중국경제에 관심을 갖자

평소에 중국 관련 뉴스와 신문 등을 관심 있게 보면서 중국경제에 대한 감각을 키우도록 노력하자. 어느 순간 갑자기 전문가가 되어 있는 자신을 발견하게 될 것이다.

3. 중국 MBA로 얻어야 할 결과물

1) 중국 비즈니스 전문가

중국에서 MBA를 했다면 중국 비즈니스에 관한 한 최고의 전문가가 되어야 하는 것은 기본이다. MBA를 마친 후에는 명실상부한 중국 비즈니스 전문가로서 실전에서 실력을 발휘할 수 있어야 한다. 특히 이제는 두루뭉술한 '중국전문가'보다는 지역별 전문가, 그리고 비즈니스 분야별 전문가가 필요하다.

자신이 공부하고 있는 MBA가 위치한 지역을 잘 관찰하고, 연구하고, 인맥도 잘 구축하여 그 지역의 전문가가 되어야 한다. 그런 의미에서, 앞에서도 강조했듯이 북경이나 상해로만 갈 것이 아니라 그 외 지역으로 진출하여 그 지역의 전문가가 되는 것이 희소성의 가치를 인정받으며 성공할 수 있는 지름길이 될 수도 있다. 물론 아직은 북경이나 상해 전문가도 많지는 않은 실정이므로, 북경이나 상해에서 공부를 한다면 그 지역에 대해서는 최고의 전문가가 될 수 있도록 하자.

지역별 전문가만큼이나 필요한 인재가 분야별 전문가다. 지금 중국은 정보통신, 금융, 증권, 제조업, 유통, 마케팅, 광고, 의료 등 분야별로 전문가가 필요한 시대다. 중국의 CEO들이 MBA 과정을 졸업한 학생들에게 갖는 가장 큰 불만이 일반적인 지식은 많이 갖고 있지만 분야별 전문가가 없어서 실전에 배치하기 힘들다는 것이라는 것을 보면, 자신의 전문 분야를 갖는 것이 얼마나 중요한지는 잘 알 수 있을 것이다.

2) 졸업장과 경영지식의 습득

졸업장을 얻기 위해서는 대부분의 MBA에서 52학점 전후의 학점을 취득해야 한다. 그 중에서 30학점은 필수과목으로, 학문의 토대를 이루는 근간이 된다. 이 과목들을 모두 이수하면 경영과 관련한 많은 지식들을 실전에 응용할 수 있는 능력이 생기게 되며, 일선에서 자신감을 느끼게 될 것이다. 대부분의 MBA의 필수과목들은 세계적으로 별 차이가 없으므로 국제적인 감각과 최신 경영지식도 함께 습득할 수 있을 것이다.

그러나 중국이라는 나라의 경제상황과 우리와의 관계 등을 고려해서 선택과목은 중국과 직접 관련 있는 과목의 학점을 취득하는 것이 유리할 것으로 보인다. 어차피 우리는 중국 관련 기업이나 프로젝트의 관리자로 일하게 될 확률이 높다는 사실을 감안하면 말이다.

중국 MBA에서는 사회주의 경제의 특색이나 중국 마케팅의 현실 등, 우리나 중국과 직접 관련 있는 과목을 중심으로 공부를 해서 명실상부한 중국전문가가 될 수 있도록 해야 할 것이다.

3) 다국적기업으로의 진출 타진

현재 중국에는 전세계 500대 기업 중 450개 업체가 진출해 있거나 사무소를 가지고 있다. 그런 대기업에서 중국을 경영하는 데 있어서 MBA 출신 중국인들을 고용하는 것은 자연스런 일이다. 당연히 그런 기업들은 보수도 중국에서는 최고 수준이다. 우리나라의 삼성이나 LG그룹, SK그룹도 마찬가지다. MBA 출신 중국인들을 고급관리자나 임원으로 고용하는 일은 이제 아주 자연스러운 일이며, 한걸음 더 나아가 중국 MBA 출신 중국인 CEO가 한국계 기업 중국본부의 CEO로 발령을 받는 일까지 일어나는 등 중국 MBA의 위력은 날로 더해가고 있다.

우리라고 한국계 기업만을 바라봐서는 안 된다. 중국에 진출한 전세계 다국적기업들은 이제 중국인들을 고용하는 평범한 인사방침에서 벗어나 자국민이나 다른 나라 출신 직원들에게 중국 MBA를 적극적으로 권하고 있다. 그리고 중국에서 MBA를 졸업한 일본인이나 한국인, 대만인, 홍콩인, 그리고 동남아시아 출신들과 인도인까지 국가나 인종을 불문하고 중요한 인재들을 조달하고 있다. 그들은 최고의 보수를 받으며 세계적인 기업의 아시아지역을 담당하거나 미국이나 유럽의 본사 이사로 발령을 받는 기회도 얻는다.

우리나라 기업만을 노리고 중국에서 MBA를 공부한다면 그 꿈이 너무 작지 않을까? 멀리 보고 넓게 보는 일 또한 중국에서 MBA를 하면서 배울 일이다. 필자의 후배들 가운데에는 일본 기업이나 이탈리아 기업에서 일하는 친구들이 많은데, 그들의 보수나 미래는 매우 밝다고 할 수 있다. 다국적기업 안에서 우리는 소수의 아시아계통 전문가들이다. 한국인이 중국의 MBA까지 졸업했다면 미래의 아시아지역 COO(최고운영자)로 부족함이 없지 않을까.

4) 인맥

중국에서 MBA 과정을 하면서 우리가 가장 중시해야 할 부분이 인맥이다. 그러나 가장 어려운 것도 바로 인맥을 어떻게 맺고 어떻게 활용할 것인가 하는 점이다. 일반적으로 2년이면 중국인들은 MBA를 졸업한다. 그 비싼 학비를 더 내면서 2년 반이나 3년을 다닐 중국인은 없을 것이다. 정말 공부를 따라가지 못해서 어쩔 수 없이 6개월을 더하거나 회사를 경영하면서 전일제를 고집하는 학생이 아니라면 말이다.

길지 않은 시간인 만큼 중국에서 MBA를 하면서 중국인 인맥을 형성하는 일은 노하우가 필요하고 정성을 다해야 하는 일이다. 방학을 이용한 관시 맺기도 좋고(함께 여행을 하거나 한국으로 초청을 하는 등), 더 좋은 것은 방학을 이용해 한국계 기업에서의 아르바이트나 인턴연수의 기회(중국 MBA는 필수적으로 기업에 가서 인턴을 해야 졸업이 가능한 곳이 대부분이다)를 알선하거나 스터디그룹을 구성하여 졸업할 때까지 서로에게 도움을 주고받는 일이다. 한국에서처럼 술과 밥으로 친해지려고 하는 생각은 오산이다.

그리고 중국인과의 관시도 중요하지만 한국인 동문과의 인맥이나 다른 외국인들과의 사교도 자신의 가치를 높이는 데 아주 중요하다는 것을 명심하자.

이렇게 중국에서 공부하는 동안에는 할 일도, 맺을 인맥도 많다는 것을 감안해서 시간관리와 인맥관리를 치밀하게 병행할 수 있도록 최선을 다해야겠다.

5) 사업 아이디어

중국의 MBA는 많은 분야의 전문가들이 모여 함께 공부하는 사업 아이템의 박물관이다. IT, 통신, 은행, 증권사, 패션, 제화, 컨설팅, 출판, 전자, 반도체, 무역, 공무원 등 이루 말할 수 없을 정도로 많은 업종의 사람들이 함께 모여서 공부를 하고 있다. 따라서 이곳에서 새로운 사업 아이템을 얻는 일은 어렵지 않다. 대부분의 재학생이 자신의 분야에서 인정받고 있는 사람들인데, 학생 신분이기 때문에 순수한 마음으로 많은 이야기를 하게 된다. 그런 것을 놓치지 말고 잘 듣고 메모해놓으면 교수님들의 강의보다 더 유용하게 작용할 수 있는 보물이 될 수도 있다. 그리고 정보를 공유하다 보면 엄청난 아이디어나 아이템이 나와서 서로에게 큰 도움을 줄 수도 있을 것이다.

그리고 우리 기업이 몰락하고 있는 분야는 어디이며 성공할 수 있는 분야는 어디인지에 대해 관심을 기울이고 정보를 수집해야 한다. 실패에서 배우는 것은 성공하는 지름길이다. 중국에 진출한 우리 기업들 중 어느 분야의 기업들이 몰락하고 있는지를 연구해야 한다. 또한 미래의 유망산업에 대해서도 정보를 얻고 관심을 가져야 한다.

개인사업자들이 도전해야 할 분야는 어떤 것인지도 관심을 갖고 연구할 필요가 있다. 중국에 진출한 우리 기업의 절반이 개인사업자들이라고 한다. 그들과 정보를 주고받다 보면 향후 내가 도전해볼 만한 아이템을 찾을 수도 있을 것이다.

6) 문화

중국의 문화는 독특하다. 당나라, 명나라 시대의 일들은 옛이야기가 된 지 오래다. 공산당이 대륙에서 정권을 잡은 후 새로운 중국이 건국되었고, 문화혁명을 통해 중국인들의 사상은 완전히 바뀌었다. 80년대 말에는 천안문 사건의 위기를 잘 넘겼고, 이제는 WTO에 가입하고 2008년 올림픽과 2010년 세계엑스포를 유치하며 세계무대에 진출하고 있다.

상기의 사건들을 겪으며 중국은 문화가 많이 바뀌었고 사람들의 의식도 많이 달라졌다. 돈에 대한 애착이 워낙 남달랐던 민족이 가난한 시절을 겪으면서 더욱 돈에 집착하게 되었고, 세계에서 유래를 찾아보기 힘들 정도로 빠르게 경제가 발전했다. 그러면서 어느 나라보다도 더 완전한 자본주의로 가는 사회주의 국가가 되었고, 중국인들은 이제 그런 '신 중국'에 자부심을 느끼기 시작했다.

또한 중국은 우리나라의 97배 넓이의 국토와 30배의 인구를 가진 거대한 나라이다. '중국은 어떠어떠하다'라고 한마디로 얘기하는 사람들이 있는데, 중국은 그 넓이만큼 지역마다 큰 차이를 보인다. 지역별로 인성이나 문화가 다르고 업무 스타일도 다르다. 최소한의 지역별 특성을 인지하고 있어야 실패를 줄일 수 있다.

필자의 지인이 다음과 같은 말을 하여 좌중을 한참 웃긴 적이 있어서 소개해본다.

"중국이 왜 CHINA인 줄 아십니까?"

"아니요, 모르겠는데요."

"너무 차이가 많이 나서 '차이나'입니다."

이런 중국의 문화를 피부로 느끼는 데 시간을 할애해야 함은 당연한 일이다. 중국과 관련된 회사에서 일을 하거나 중국에서 사업을 하려면 중국의 문화를 이해하지 못하고는 백전백패다. 그들의 사는 모습을 봐야 하고, 중국에서 성공하는 사업을 연구해야 한다. 중국인들이 어떻게 위기에서 탈출하는지, 어떻게 경영상의 난제들을 해결하는지는 중국과 중국인의 문화를 모르고서는 절대 알 수 없다. 따라서 중국에 있는 동안은 가능한 한 중국인들과 많은 문화적 교류를 하도록 노력해야 한다.

4. MBA 졸업 후의 진로

1) 한국인

지금까지 한국인 MBA 졸업생들은 대부분 기업이나 공사 출신들, 혹은 협회에서 파견된 사람들이었다. 그들은 MBA를 졸업한 후 대부분 원래 다니던 직장으로 돌아가 자신의 능력을 발휘하고 있다. 그리고 대부분의 졸업생들이 중국 MBA를 졸업한 후에는 동일 직장에서 승진이 빨라졌거나 중국 전문 부서에서 중요한 역할을 하고 있다는 것에 주목할 필요가 있다. 이직자들의 경우도 예전 직장에서 일할 때보다 보수나 직위가 훨씬 높아졌다.

필자의 선배 중에는 회사를 그만두고 중국에서 MBA를 졸업한 사람이 있는데, 지금은 대기업의 상무로 중국 업무를 총괄하고 있다. 역시 다니던 회사를 그만두고 중국 MBA를 졸업한 후배는 IT업계 재무 담당 상무로 재직하고 있다. 또한 지인 한 사람은 상해에서 MBA 코스에 입학할 예정인데, 그는 MBA 합격과 동시에 자신이 몸담고 있던 것과 같은 업종의 한 업체에서 중국법인을 설립부터 총괄하는 CEO가 되어 학비도 모두 지원받게 되었다고 한다.

이처럼 아직은 중국의 명문 MBA를 졸업한다면 기회는 무궁무진하다. 한국기업이나 외국기업에서 중국 담당 업무에 종사하는 기회를 잡을 수 있을 것이고, 미래에는 아시아 전체를 담당하는 중책도 노려볼 만하다. 최근 우리나라에서는 대기업의 입사가 어려워지고 있는데, 중국 MBA 졸업장이 있으면 입사 시 인센티브를 받을 수 있을 것이다. 중국전문가가 부족한 현실에서 중견기업이나 중소기업에서도 중요한 자리에서 일할 수 있는 기회가 많을 것으로 보인다.

예전처럼 제조업 위주로 중국에 진출하던 시대에는 MBA를 졸업한다 해도 인력시장이 작아 별 메리트가 없었다. 그러나 유통, 회계, 법률, IT, 정보통신, 게임, 금융, 증권, 컨설팅 등 MBA를 필요로 하는 업종들이 주류를 이루고 있는 현재 중국의 상황을 보면 중국의 MBA는 향후 그 진가를 발휘할 것으로 보인다.

2) 중국인

앞에서도 소개했듯이 중국에서 MBA를 졸업한 사람과 졸업하지 않은 사람의 급여 차이는 하늘과 땅 차이만큼 크다. 공상관리학원(우리나라의 상경계열 학부를 일컬음)을 졸업한 학생들은 중국에서도 유명한 기업이나 정부로의 진출이 두드러진다. 이는 MBA를 졸업하기 위한 하나의 포석으로, 기업에서도 이런 점을 간파하여 이들이 학업을 마치고 돌아와 안정적으로 고소득을 올릴 수 있도록 배려를 한다. 그래서 MBA 과정 동안 학비와 월급 등을 지원해준다. 정부기관에서도 마찬가지로 인재들이 MBA를 마친 후 일반 기업이나 다국적기업으로 이동하는 것을 막기 위해 안간힘을 쓴다. 이런 현실을 보면 현재 중국에서 MBA 학생들의 주가는 그야말로 최고인 것을 짐작할 수 있다.

이런 상황에서 대부분의 학생들은 졸업 후 급여가 높고 신분이 보장되는 IT, 정보통신, 전자, 금융, 컨설팅 등의 업종으로 진출하는 것으로 조사되었다. 이 분야 MBA 졸업생들의 평균 연봉은 IT, 통신, 전자업계에 진출한 경우가 241,600위엔(한화 약 3,020만원), 금융계통이 187,900위엔(한화 약 2,349만원), 컨설팅업체는 232,500위엔(한화 약 2,906만원)으로 나타났다.

현재 중국 MBA를 졸업한 중국인들은 그 진로가 무궁무진하다. 그리고 진로를 선택하는 것 또한 MBA 졸업생 개인에게 달려 있을 정도로 그 힘이 대단하다. 중국 MBA를 졸업하는 엘리트들은 주요 기업에서 고급 관리자로 일하게 될 것이고, 주요 국가기관의 중요한 자리를 차지하게 될 것이다. 그리고 20년쯤 후에 그들은 중요한 기업이나 기관의 주요 부서에서 중국경제를 움직이는 최고위층으로 성장해 있을 것이다.

중국, 우리에게 위기인가 기회인가

중국경제의 발전에 따른 한국산업의 위기가 현실화되고 있다. 중국경제가 저렴한 노동력, 거대한 내수시장 등으로 많은 외국인 투자를 유치하여 발전을 가속화하고 있는 반면, 한국의 제조업은 경쟁력이 약화되고 있으며 일부에서는 산업공동화까지 우려하고 있다. 한국의 산업은 경쟁력 약화로 인해 선진국시장에서 점유율이 하락하는 중이어서, 미국시장에서는 멕시코, 캐나다, 중국에게 시장을 빼앗기고 있으며, 일본에서는 중국, 대만, 말레이시아 등 동남아국가들에게 추월당하고 있다.

최근 중국은 제조비용의 우위와 외자계 기업의 기술을 바탕으로 한국의 주력수출 분야를 빠르게 추격하고 있는데, 무역협회의 조사에 따르면 연간수출이 1,000만 달러 이상인 한국의 904개의 수출상품에서 484개(53.5%)만이 한국이 우위를 유지하고 있고, 420개(46.5 %)는 중국이 우위를 차지하고 있다.

중국은 현재 IT산업 등 첨단분야에 대한 집중적인 투자로 섬유 · 조선 · 전자업종에 이어 반도체 등 하이테크산업에서도 한국을 맹추격하고 있다. 더 나아가 IT분야의 핵심부품 개발로 현재의 원부자재 공급에 의한 한국의 무역흑자 구도의 변화가 예상되는데, 중국의 부품산업 발전으로 중국기업들의 중국 내 원자재 조달비율이 높아지고, 한국의 원자재 생산창구가 중국으로 이전함에 따라 현재의 무역흑자는 오래 지속되기 어려울 것으로 보인다.

그렇다고 중국이 위기로만 다가오지는 않는다.

앞으로도 몇 십 년간 고성장을 유지할 거대한 시장이 우리나라 바로 옆에 있다. 그 시장을 활용할 수 있는 것이다. 문화적인 유대감, 지리적 위치, 한–중 우호관계 등을 고려해볼 때 한국기업들은 세계 어느 나라 기업들보다 유리한 위치에서 중국시장에 진출할 수 있다. 그러므로 치밀한 준비와 전략으로 중국시장에 진출하여 내수시장을 공략한다면 중국은 위기가 아니라 시장을 확대할 수 있는 절호의 기회로 다가올 것이다.

하지만 중국시장은 마쓰시타 차이나 관계자가 "중국에서 살아남는다면 우리는 세계적으로도 살아남을 수 있다"고 말했듯이 그렇게 만만하지 않다. 전세계 모든 기업들이 중국시장을 보고 달려들고 있으므로 경쟁이 대단히 치열하다. 또한 중국은 정치적·사회적으로 시장환경을 교란시키는 위험요인들이 복잡하게 얽혀 있어 기업을 운영하기가 대단히 어려운 곳이다.

따라서 무턱대고 그 큰 시장만을 바라보고 달려들었다가는 낭패를 보기 십상이다. 사실 한국은 중국에 투자는 많이 하지만 내수보다는 수출 위주의 사업을 전개해왔으며 영업실적도 좋지 않았다.

今天我们桃李芬芳　　明天我们是祖国的栋梁

PART II

중국 MBA 유학생들에게 듣는다

구분	청화대학	북경대학 광화학원
MBA 설립연도	1991년	1994년 (IMBA : 2001년)
소재지	북경	북경
과정의 종류와 기간	· FULL-TIME MBA : 2년 · PART-TIME MBA : 3년 · IMBA : 2년 · EMBA : 2년	· FULL-TIME MBA : 2년 · PART-TIME MBA : 3년 · IMBA : 2년 · EMBA : 20개월
사용 언어	IMBA : 영어 기타 MBA : 중국어, 영어	IMBA : 영어 기타 MBA : 중국어
교수진	120여 명	91명
교수진 중 박사학위 소지자 비율	66%	86%
〈FORTUNE〉 중문판 선정 중국 MBA 순위	2003~2004년 1위 2005년 2위	2005년 4위
〈경리인(經理人)〉 선정 2004년 중국 MBA 순위	1위	3위
기타 순위		〈TIME〉 선정 전세계 MBA 17위
외국인 지원 자격	· 학사학위 이상 소지자 · 3년 이상의 근무경력 · 만 40세 이하 · GMAT 600점 이상 · F-TIME의 경우 HSK 6급 이상	· 비중국 국적자 · 신체 건강 · 중국 문화와 관습, 법률과 학교의 규정을 준수할 자 · 학사학위 이상 소지자 · 3년 이상의 경력 · GMAT 600점 이상 · HSK 6급 이상 (F-MBA)
입학생 GMAT 성적 평균	616점	641점
학비 총액	IMBA : 120,000위엔 F-MBA : 90,000위엔	유학생의 경우 MBA : 121,000위엔
졸업생 수	4,300여 명	2,200여 명
재학생 수	1,000여 명	1,071명
이수 학점	49~60학점	IMBA : 44학점 MBA : 52학점
유학생 비율	전체 : 2.4% IMBA : 14%	IMBA : 28% 기타 : 10% 내외
졸업 후 취업률	100%에 가까움	100%에 가까움
졸업 후 연봉	평균 120,000위엔 내외	평균 140,000위엔 내외

상해교통대학	복단대학	CEIBS	BiMBA
1994년	1991년	1994년	1998년
상해	상해	상해	북경

· FULL-TIME MBA : 2년
· PART-TIME MBA :
  2년 반
· TECHNICAL MBA :
  2년 반
· FINANCIAL MBA : 2년 반
· IMBA : 2년
· EMBA : 20개월
	· FULL-TIME MBA : 2년
	· PART-TIME MBA :
	  2년 반
	· EMBA : 2년
		· FULL-TIME MBA : 18개월
		· EMBA : 2년
			· FULL-TIME MBA : 18개월
			· PART-TIME MBA : 26개월

IMBA : 영어 기타 MBA : 중국어	IMBA : 영어 기타 MBA : 중국어	영어	영어
144명	110명 + 외국인 교수 2명	32명 (60%가 외국인)	12명 + 교환교수, 방문교수
55%	58%	100%	100%
2005년 6위	2005년 3위	2005년 5위	2005년 1위
4위	2위	심사에서 전문 MBA 과정 제외로 순위 없음	심사에서 전문 MBA 과정 제외로 순위 없음
		영국 〈Financial Times〉 선정 전세계 MBA 22위	

· 학사학위 이상 소지자
· 학사학위 소지자 3년 이상
  경력
· 3년제 졸업자 5년 이상 경력
· TOEFL 550점 이상, IELTS
  6.0 이상, GMAT 성적우수
  자 우선 입학 고려
	· 학사학위 이상 소지자
	· 학사 소지자 3년 이상 경력
	· 석사 소지자 2년 이상 경력
	· 만 40세 이하
	· GMAT 600점 이상
	· HSK 6급 이상 (해당 MBA)
		· 학사학위 이상 소지자
		· 2년 이상의 근무경력
		· GMAT 600점 이상 또는
		  자체 입학시험 응시 합격
			· 학사학위 이상 소지자
			· 2년 이상의 경력
			· GMAT 600점 이상

자료 없음	자료 없음	667점	640점
외국 국적의 학생은 USD12,500	IMBA : 140,000위엔 보통반 : 130,000위엔	USD25,000	F-MBA : 120,000위엔 P-MBA : 150,000위엔
2,250여 명	2,100명	1,000여 명	약 800여 명
1,250명 정도	1,300여 명	186명	자료 없음
54학점	자료 없음	학과 58학점 + 실무 5학점	학점제 아닌 모듈제
IMBA : 13% 기타 MBA : 3% 내외	IMBA : 10% 기타 MBA : 2%	19%	10% 내외
100%에 가까움	100%에 가까움	95%~100%	100%에 가까움
평균 130,000위엔 내외	평균 130,000위엔 내외	평균 250,000위엔 내외	평균 200,000위엔 내외

清華大學 經濟管理學院

Tsinghua University, School of

중국 최고의 인재를 배출하는 최고의 명문대학
그 명성을 이어가는 명실상부한 중국 최고의 MBA

청화대학 MBA

www.em.tsinghua.edu.cn

유학생에게 듣는다_최원용 1974년 생

1999년 연세대학교 독어독문학과 졸업

1999년~2001년 (주)한진해운 인력관리팀 근무

2001년~2003년 Kingsmen 한국지사 근무

2005년 7월 청화대학 MBA 졸업

Economics & Management

청화대학 MBA

구분	내용
MBA 설립연도	1991년
소재지	북경
과정의 종류와 기간	· FULL-TIME MBA : 2년 · PART-TIME MBA : 3년 · IMBA : 2년 · EMBA : 2년
사용 언어	· IMBA : 영어 · 기타 MBA : 중국어, 영어
교수진	120여 명
교수진 중 박사학위 소지자 비율	66%
〈FORTUNE〉 중문판 선정 중국 MBA 순위	1위(2003~2004), 2위(2005)
〈경리인(經理人)〉 선정 2004년 중국 MBA 순위	1위
외국인 지원 자격	· 학사학위 이상 소지자 · 3년 이상의 근무경력 · 만 40세 이하 · GMAT 600점 이상 · F-TIME의 경우 HSK 6급 이상
지원 서류	· 신청서 · 에세이 · 성적증명서 · 졸업증명서 · 추천서 2부 · GMAT 600점 이상 성적 증명 · HSK 6급 이상 성적 증명 (F-MBA)
입학생 GMAT 성적 평균	616점
전형 일정	수시 모집 제도 * 2005년 외국인의 경우 　· 12월 1일~20일 원서 접수 　· 1차 시험(학교 입학시험) 4월 　· 2차 시험 5월 30일 전 　　(GMAT 성적 우수자 입학시험 면제) 　· 면접 　· 6월 하순 합격 통보
학비 총액	· IMBA : 120,000위엔 · F-MBA : 90,000위엔
졸업생 수	4,300여 명
재학생 수	1,000여 명
이수 학점	49~60학점 (과정의 종류와 전공에 따라)
유학생 비율	전체 : 2.4%, IMBA : 14%
졸업 후 취업률	100%에 가까움
졸업 후 연봉	평균 120,000위엔 내외

1. 학교 소개 및 지원 방법

청화대학은 중국에서 인재를 가장 많이 배출한 최고의 명문대학의 하나다. 특히 MBA 과정은 2003년과 2004년 연속 〈포춘(FORTUNE)〉 중문판에서 중국 최고의 MBA로 선정되었다. 그리고 중국 경제전문지 〈경리인〉에서도 중국 MBA 1위에 선정되는 등 명실상부한 중국 최고의 MBA로 자리를 잡아가고 있다.

청화대학 경제관리학원은 1984년에 설립되었으며, MBA 프로그램은 1991년에 개설되었다. EMBA는 2002년에 개설되어 대내외적으로 많은 주목을 받고 있다.

중국에서 가장 먼저 MBA 프로그램을 도입했고, 영향력이 가장 큰

청화대학 본관 건물

MBA로 주목을 받고 있으며, 중국 내 최대의 MBA 양성기지라는 자부심과 함께 세계적으로 인정받고 있는 청화대학 경제관리학원의 MBA를 만나보자.

1) 학제

구분		기간	비고
MBA	전일제 (FULL-TIME MBA)	2년	
	재직반 (PART-TIME MBA)	3년	매주 월/토 혹은 금/일 수업
IMBA	FULL-TIME	2년	
EMBA	PART-TIME	2년	월 1회 4일 연속 수업 (주말 이용)
기타	회계 MBA (AMBA, ACCOUNTS MBA)	2년	전일제
	봄학기 MBA (SMBA, SPRING MBA)	3년	여가시간 이용 수업
	홍콩중문대학 합작 금융재무 MBA 프로그램	2년	토요일 전일 및 일요일 반일 집중수업

IMBA

청화대학의 IMBA 프로그램은 1997년에 미국 MIT의 MBA 학원인 Sloan School과의 합작으로 개설되었다. 학업을 마치고 논문과 구술시험을 치르면 청화대학 졸업증서와 학위증서를 받게 되며, MIT Sloan School의 증서(졸업장이나 학위가 아닌 합작프로그램을 이수한 수료증)를 함께 받는다. IMBA에서는 전세계 여러 나라에서 온 학생들이 함께 수업을 받으며, 실제로 다른 MBA에 비해서 외국 학생 비율이 훨씬 높다.

미국 MIT Sloan School과 합작프로그램 운영

- MIT Sloan School이 제공하는 교재와 실전 케이스 사용

- MIT Sloan School의 과정에 대한 심도 있는 토론, 그리고 MIT Sloan School 교수의 정기적인 방문 강의

- 매년 3월 MIT 학생들과 교류

- Video Conference를 통한 정기적인 강의 청취와 참여, 실시간 청강

국제화된 학습 환경

- 전 과정 영문 강의, 영문 교재 채택

- 하버드 케이스은행과 아이비 케이스은행의 케이스 사용권을 구입하여 중국과 서방의 케이스 비교 학습

- 유학생 비율 14%, 외국 교환학생 비율 30%

- 국외 저명 대학 MBA 학생들과의 교류 빈발

2) 학생 현황

2005년 말 현재 16기 학생들이 입학을 했으며, 현재까지 4,300여 명의 학생들이 MBA 학위를 취득했다. 외국 학생은 매년 F-MBA에 2~3명, IMBA에 10여 명이 입학을 한다. 한국인은 현재 F-MBA에 1명, IMBA에 6명이 재학 중이다.

학생 및 졸업생 현황 (2003년 자료)

- 남녀 비율 : 76.4 대 23.6

- 연령 : 27세~30세가 가장 많음 (전체의 49.8%)

- 근무경력 : 5~7년이 가장 많음 (전체의 34.9%)

- 출신 전공 : 공대 55.3%, 상경계열 30.7%

- 출신 직종 : 제조업이 1위로 34.4%, IT, 통신계통이 22.9%, 금융, 컨설팅이 16.3%

- 출신 지역 : 청화대가 위치한 북경을 포함한 화북지역 출신이 55.4%로 단연 1위이며, 그 다음으로는 상해가 포함된 화동지역 출신이 14.7%.

- 외국 학생 비율 : 2.4% (IMBA는 14%)

- 졸업생 진로 : 중국 국내 기업이나 다국적기업, 홍콩, 대만, 마카오 등의 일류 기업으로 진출하고 있으며, 직위와 연봉에서도 매우 높은 수준을 유지하고 있다.

3) 교수 현황

MBA에는 120명의 전임교수가 있으며, 그 중 79명은 국내외의 일류 대학에서 박사학위를 취득한 사람들이며, 70% 이상이 해외에서 수업을 들은 배경을 갖고 있다.

미국의 하버드대학 MBA, MIT MBA 등과 협조하여 교수 배양 프로그램을 운영하며, 매년 십여 명의 교수들을 세계 유수의 대학으로 파견한다. 아울러 매년 전세계의 학자들이 청화대학으로 와서 겸임교수로 일하거나 연구를 한다. 또한 매년 세계적으로 유명한 석학들과 최고의 CEO들이 초청 강의를 한다.

4) 총학비

- IMBA : 중국인 88,000위엔, 외국인 120,000위엔

- FULL-TIME MBA : 중국인 72,000위엔, 외국인 90,000위엔

5) 지원 방법

지원 자격

- 4년제 대학 졸업 이상의 학사학위 소지자

- GMAT 600점 이상, HSK 6급 이상 (IMBA의 경우 HSK 점수는 필요 없음)

- 직장 근무경력 3년 이상

- 40세 이하

지원 서류

1) 신청서

2) 추천서 2부

3) 에세이

4) 졸업증명서 (영사관 공증 필요)

5) 성적증명서 (영사관 공증 필요)

6) 기타 유관 증서 복사본 및 증명서(GMAT, HSK 성적표 등)

6) 커리큘럼

기초과목과 전공 분야별 과목

분야	과목
기초과목	마케팅관리 전략관리 운영관리 조직행위학 관리커뮤니케이션 관리정보시스템 상법 거시경제학 관리경제학 회계학 회사재무관리 수리모형과 결정
금융재무	국제금융 금융시장 금융공학 금융파생증권 채권시장과 도구 신흥금융시장 상업은행관리 금융시장실무 투자학 증권투자학 투자은행업무 보험학원리 프로젝트 투자 융자결정 원가전략 회사재무실안 재무재표분석 중급재무회계 회계와 투자시장 실안 연구 회사자본구조 회사M&A 경영관리심사 관리콘트롤시스템 세무기획 창업재무관리
마케팅과 무역	시장마케팅 서비스마케팅 기술창조 시장학 전략마케팅 기업마케팅 기획실무

분야	과목
	시뮬레이션 시장마케팅 국제무역
기업관리	국제기업관리 회사총체화 리스크관리 공급선관리 기술창조관리 루트관리학 회사성장관리 다국적기업의 창조관리 기술전략 지식재산권관리 연구개발관리 창조와 변혁 소기업관리 인터넷시대의 품질관리 위기관리 프로젝트관리
전자비즈니스	비즈니스지능 전자비즈니스 정보시스템 정보와 소프트웨어프로그램 관리
인력자원	인력자원관리 전략인력자원관리 인력자원관리와 개발
재경법률	재경법률정책과 기업경영 경제법 전문테마 금융법 전문테마 지식재산권 전문테마 재경법률 전문테마
리더학과 상업논리	리더와 변혁 문화논리와 리더 리더와 단체 기업논리와 문화 상업논리
MIT 연합 실전과정	정서관리 관리커뮤니케이션 2 비즈니스담판 담판과 충돌관리 지식관리 기업관리컨설팅 부동산개발과 투자실안분석 경쟁력미시경제학 거시경제와 정책환경 관리연구방법론

7) 교류 및 합작 현황

23개에 이르는 외국의 대학과 교환학생 프로그램을 운영하고 있다. 2004년 입학생의 약 70%가 한 학기를 아래 대학 중 한 곳에서 마쳤다. 이외에 여름방학 중에는 홍콩의 유명 기업과 스탠다드차타드은행, BP석유, 모건스탠리 등 세계적인 기업에서 실습할 기회도 주어진다.

교환학생 프로그램을 운영하는 외국 대학 (23개소, 2004년 말 현재)

지역	나라	학교
북미	미국	New York University
		Pepperdine University
		Texas A&M University
		Kenan-Flagler School, University of North Carolina
	캐나다	University of Toronto
		University of Calgary
		Sauder School of Business, The University of British Columbia
유럽	프랑스	HEC School of Management
		REMIS Management School
		ESSEC Business School
	스페인	Instituto De Empresa Business Administration
	노르웨이	Norwegian School of Economics & Business Administration
	스웨덴	Stockholm School of Economics
	폴란드	Warsaw School of Economics
	스위스	Graduate School of Business, University of St. Gallen
	이탈리아	Bocconi University
	덴마크	Copenhagen Business School

지역	나라	학교
아시아 태평양	홍콩	홍콩중문대학 (Chinese University of Hong Kong)
		홍콩과기대학 (Hong Kong University of Technology)
	일본	와세다대학교 (Waseda University)
	한국	서울대학교 (Seoul National University)
		고려대학교 (Korea University)
		연세대학교 (Yonsei University)
	싱가포르	남양이공대학 (Nanyang Technological University)
		싱가포르국립대학 (National University of Singapore)
	태국	아시아 이공학원 (Asia Institute of Technology)
	오스트레 일리아	모나시 대학 (Monash University)
		본스 대학 (Bons University)

청화대학 경제관리학원 건물

2. 유학생에게 듣는다

최원용

1974년 생	
1999년	연세대학교 독어독문학과 졸업
1997년	교환학생 파견(TX, USA, Baylor University)
1998년	아리랑 TV 대학생 통역요원 선발대회 3위 입상
1999년 ~ 2001년	(주) 한진해운 인력관리팀 근무
2001년 ~ 2003년	Kingsmen 한국지사 근무
2005년 7월	청화대학 MBA 졸업

1) 지원 동기

1999년에 대학을 졸업하고 한국에서 5년 여간 사회생활을 하면서 대부분의 사람들이 그러하듯 나는 평범한 회사원이었다. 고등학교 때부터 대학 시절까지 줄곧 독일어와 독일문학을 전공한 나는 외국어 외에는 별다른 재주도 없었다. 그리고 다른 사람들이 나를 바라보는 시선과 달리 매일매일 해나가는 회사 업무는 답답함을 느끼게 했다. 회사의 목표가 무엇인지, 내가 일하는 회사는 과연 어떻게 돌아가고 있는 것인지, 회사를 경영하고 조직의 중요한 결정을 내리는 사람들은 어떤 생각으로 어떤 결정을 내리는지, 여러 가지가 궁금하고 답답했고, 때로 나의 뜻과 다르게 내려지는 결정이 불만스럽기도 했다. 이런 생각이 깊어지면서, 좀더 훌륭한 회사원이자 조직의 일원이 되기 위해서는, 그리고 조직의 경영진에 조금이라도 가까워지기 위해서는 회사의 경영과 관련된 공부를 해야겠다고 생각했고, 결국 MBA를 하기로 마음먹게 되었다.

지금으로부터 약 3년 전인 2002년 5월, 나는 출장 차 생애 처음 중국 북경을 방문하는 기회를 얻었다. 나는 대학생활과 직장생활 동안 이미 스무 곳에 가까운 나라에 가보았고, 나름대로 새로운 곳에 적응을 잘한다고 믿고 있었다. 그러나 비행기로 한 시간 반밖에 걸리지 않는 북경에서의 경험은 그간의 나의 편견과 중국에 대한 잘못된 이해를 완전히 무너뜨렸다. 도시 전체가 뛰어가고 있는 듯한 그 느낌, 비슷한 듯 다른 언어, 북경 시내를 뒤덮고 있는 고층빌딩 건설현장…. 나는 곧바로 그 도시에 매료되었고, 중국에서의 기회에 도전하기로 마음먹었다.

중국어를 거의 하지 못하는 상태로 중국 청화대학 MBA의 길에 들어선 지 이제 2년여, 그리 쉽지 않은 도전이었지만, 나는 나의 선택에 100% 넘게 만족한다고 자신 있게 말할 수 있다. 한국에서는 상상도 할 수 없었던 소중한 경험을 해왔으며, 졸업을 앞둔 지금 내가 투자한 것에 대한 보상을 뛰어넘는 실리를 추구할 수 있게 되었다.

더 많은 인재들이 이곳에 도전하기를, 그래서 내가 경험한 것 이상의 훌륭한 경험을 할 수 있기를 진심으로 기원한다.

2) 합격 비결

2005년 9월에 입학허가를 받은 청화대학 MBA 과정 신입생의 경우, 총 인원 120명 중 외국인의 비중은 약 30여 명이고, 그 중 약 20여 명이 한국인이다. 합격자의 평균 GMAT 성적은 630점 정도이다. 입학허가를 받지 못한 외국인 중 많은 수는 학교에서 요구하는 GMAT 성적 및 경력 요구사항 등 기본 조건을 충족시키지 못한 사람들이다. 기본 조건에 미달하는 지원자가 많다는 사실은 중국의 MBA 과정을 바라보는 시선을 유감없이 보여준다고 하겠다.

앞서 밝힌 것처럼, 중국의 MBA 과정은 이제 세계의 주목을 받기 시작했고, 많은 외국인 유학생들을 유치하고 싶어하는 것이 사실이다. 그러나 지난 봄, 청화대학 MBA 과정 담당사무실에서는 과정의 수준 향상을 위해 입학 정원을 축소하는 논의가 심각하게 이루어질 정도로 아직 학교 측의 성에 차지 않는 지원자도 많은 것이 사실이다.

합격 비결은 따로 없다. 학교가 요구하는 기본 사항을 충족시키고 본인의 열정과 장점을 충분히 납득시킬 수 있다면, 그것만으로도 절반 이상 성공을 거둔 것이다. 선배로서, 훌륭한 많은 분들의 지원이 이어지기를 진심으로 바란다.

청화대학 정문

3) 학교생활 체험담

돌이켜 보면, 한국에서 대학생활과 사회생활을 하는 동안 나는 매우 게으르고 호기심 없는, 조금은 한심한 하루하루를 보냈다. 대학을 다니면서는 앞으로 해야 할 일에 대한 준비가 없었고, 회사에서 근무하던 시절에는 부족한 부분을 더하려는 노력을 게을리 했다. 덕분에, 경제학, 회계학, 통계학, 커뮤니케이션, 생산관리, 조직행위 등의 과목에 중국어 공부까지 함께 해야 했던 청화대학 MBA 첫 학기는 숙제, 잠, 육체적·정신적 적응과의 끝없는 싸움이었다. 매일 새벽 서너 시가 되어야 겨우 과제를 마치고 잠깐 눈을 붙일 수 있었다. 책을 보아도 이해가 안 가는 내용은 교수님들과 동료들을 귀찮게 해야 했으며, 그래도 안 되는 부분은 다른 친구들이 한 과제를 보며 연구해야 했다.

첫 학기가 지나며 교과과목에 대한 부담은 많이 줄어들었지만, 이제 중국어가 걱정이었다. 북경 주재 한국인의 많은 부분을 차지하는 언어연수생들과 달리 나는 학교에서 많은 시간을 영어를 듣고 말하며 보내야 했다. 덕분에 북경에서 보낸 6개월이라는 시간에 비해 턱없이 부족한 중국어실력을 갖고 있었다. 그래서 나는 아침 일찍 중국어학원에서 하루를 시작했다. 중국 친구들이 모이는 자리는 한 번도 빠진 적이 없고, 운동을 하면서도, 밥을 먹으면서도, 중국 친구들과 조금이라도 더 가까이 하려고 부단히 노력했다. 아직 많이 부족한 중국어실력이지만, 그런 노력을 통해 중국인들과 중국어로 교류할 수 있게 된 내 자신이 뿌듯하게 느껴진다.

중국에 있는 많은 사람들은 중국에서의 가장 큰 재산은 중국인 친구를 만나게 된 것이라고 한다. 나와 MBA 과정을 함께 한 일곱 명의 한국인들 모두 그 말에는 이의가 없을 것이다. 나 역시 중국 전역에서 모여 어려운 과정을 함께한 60여 명의 중국인 친구들과, 반년이 넘도록 북경 사투리를 섞어 나를 '설생님'이라고 부르는 나의 한국어 제자—사실은 우리 유학생들에게 큰 도움을 주는 우리 학교의 사무직원으로, 한국 대중문화에 매우 큰 관심을 가지고 있고, 지금도 매주 나와 함께 한국어 공부를 하고 있다—가 너무나 소중한 재산이다.

하지만 가장 큰 재산을 꼽으라면 나는 서슴지 않고 이 과정을 무사히 마칠 수 있게 해준 내 주위 사람들을 꼽을 것이다. 늘 공부에 뒤쳐진 나를 안쓰럽게 여기고 소중한 시간을 할애하여 나를 지도해주고 부족한 점을 메워주신 김승준, 이대현, 이경모 선배님, 그리고 나와는 달리 늘 여유 있고 자신감 있는 모습을 지닌, 이제는 참으로 소중한 친구가 되어버린 이상섭 군. 모두 나의 중국 생활에 있어 가장 소중한 선물이다. 또한 한국에서 물심양면으로 늘 성원해주고 있는 동생 규용, 그리고 성은숙 양에게 이 자리를 빌려 감사의 말씀을 전하고 싶다.

4) 경력 관리

나는 그다지 자랑할 만한 경력을 쌓지 못했다. 특히 한 번의 이직 경력은 면접을 위해 만나는 한국기업의 인사 담당자들 앞에서는 적잖은 흠집으로 작용한다.

내가 갖고 있는 경력의 장점, 혹은 내가 경력을 위해 노력하는 점을 들어보라면, 다양한 관심사에 대해 마음의 부담을 없앴다는 점을 들겠다. 나는 다양한 관심사를 갖고 많은 사람들을 만나는 일을 매우 즐기고, 그러한 과정을 통해서 앞으로 하고 싶은 일을 생산해낸다. 청화대학 MBA 과정에 지원한 것 역시 새로운 일, 새로운 것에 대한 일종의 도전이다.

자신의 경력을 위해서라도, 중국의 MBA 과정은 신중하게 결정하고 준비하기를 진심으로 바란다. 중국의 MBA 과정은 역사도 짧고 아직 발전과정에 놓여 있기에, 미국이나 유럽처럼 학교마다의 특성을 바라기엔 무리인 점이 많다. 중국 내 일부 MBA 과정은 세계적으로 주목 받고 있으며, 주요 MBA 랭킹에서도 좋은 성과를 거두고 있는 것이 사실이지만, 2005년 현재 상황으로 볼 때, 한국과 중국의 임금 격차를 생각한다면, 중국에 진출한 다국적기업에서조차 한국인으로서 훌륭한 보수를 받아내는 일은 그리 쉬운 일이 아니다. 결국 본인만이 갖고 있는 장점을 극대화하지 못한다면 귀중한 시간과 열정만 낭비한 채 소기의 목적을 포기해야 하는 경우가 생길 수 있다.

게으르지 않으려 노력한 2년이었지만, 순간순간의 아쉬움, 특히 내 자신과 내 경력을 위해 스스로를 더욱 다그치지 못한 데 대한 아쉬움은 지울 수가 없다. 이 글을 읽고 있는 독자 여러분은 어디에서고 부디 나와 같은 아쉬움이 없는 훌륭한 삶을 영위하시기를 빈다.

5) 후배들에게 해주고 싶은 말

북경의 날씨는 사시사철 서울의 그것보다 아름답지 않다. 사실 솔직히 말하면, 북경은 견디기 힘든 일들이 많이 일어나는 곳이다. 워낙 날씨가 건조한 데다 북경 전역에서 일고 있는 건설 붐으로 인해 아스팔트 바닥에까지 흙먼지가 쌓여 있고, 서울보다 훨씬 심한 황사현상을 견뎌야 한다. 아침저녁으로 샤워를 하지 않으면 쉽게 감기에 걸리고, 한번 외출을 하려면 입 안으로 한 움큼의 모래를 넣을 각오를 해야 한다.

그 외에도 북경의 삶은 흠잡을 것이 많다. 우리 집 앞의 작은 가게에서는 내 룸메이트인 중국인에게보다 1위엔(한화 약 140원)을 더 얹어 내게 콜라를 판다. 대중교통은 그 수와 질에서 서울에 훨씬 뒤떨어져 있으며,

저녁 10시 정도만 되면 많은 노선의 버스와 전철이 끊어져버린다. 거기에 해마다 20만 대 이상 승용차가 늘어나는 데다 교통신호를 지키지 않는 사람들이 많은 관계로 금요일 저녁의 우리 집 앞길은 한국의 교통체증을 초월한다.

이상한 점은, 성질 급하기로 유명한 한국인들이 이 모든 것을 꾹 참고 계속 북경으로 몰려들고 있다는 사실이다. 현재 북경에 거주하는 한국인 유학생의 수는 약 5만 명으로 추산되며, 북경의 한 아파트 단지에만 3,000여 명의 한국인이 살고 있다는 이야기는 거짓으로만 들리지는 않는다. 북경이 서울보다 '글로벌'한 도시임은 북경에 와본 사람이라면 누구나 공감하는 점이다. 나 역시 한국에서 접하지 못했던 다국적기업의 사무실이 북경에 큰 규모로 세워지는 것을 목격하고 있다. 이렇게 북경으로 사람과 자본이 몰리는 이유는 많은 분들께서 이미 훌륭한 글과 지표를 통해 소개를 하셨을 테니 여기서는 언급하지 않도록 하겠다.

북경은 실로 진행 중인 도시이며, 뛰어가는 도시이다. 어느 누구도 부인할 수 없는 역사와 발전의 공존 현장이다. 그러나 이곳에서 MBA 과정에 도전하는 일은 출발부터 쉬운 일이 아닐 것이다. 미국이나 유럽의 학교들에 비해 터무니없이 적은 양의 정보만이 공유되고 있으며, 왜곡된 사례 또한 적지 않다. 사실, 바로 이 점이 현재 우리 한국인이 중국을 바라보는 시각인지도 모른다. 상상을 초월하는 거대한 규모에 현혹된 사람들, 무척 낮은 임금으로 무엇이든 값싸게 만들 수 있다고 믿는 사람들, 그리고 막연한 기대감으로 무턱대고 비행기에 오르는 사람들까지, 이는 뛰어가는 북경의 발전 속도에 우리가 발맞추지 못하는 명백한 증거라고 생각한다. 양국의 수교가 이루어진 지 20여 년이 지나고 우리 기업들이 선전하고 있는 이곳에서 우리 기업들은 아직 쓸 만한 사람을 찾지 못하겠다고 불만을 토로한다.

이제 북경에 온 지 햇수로 3년. 그동안 나는 많은 중국인들을 만났다. 우리 수도 서울에서 전국의 사람들을 만날 수 있듯, 다양한 지역에서 온 많은 중국인들을 만날 수 있는 곳이 바로 북경이다. 그리고 그 다양한 곳에서 실력을 인정받는 사람들이 모이는 곳이 바로 이곳 청화대학의 MBA 과정이다. 사실, 앞서 언급한 부정적 시각은 어쩌면 내가 이곳에 오며 가졌던, 이제는 무참히 깨어진 환상이자 오해일지 모른다. 지난 2년여, 나는 이곳을 참 많이 좋아하게 되었다. 건조한 날씨로 인해 내 손이 갈라지자 연고를 사주었던 우리 반 친구, 멋진 모습으로 나를 늘 뿌듯하게 만드는 학교, 다양한 음식들로 나를 즐겁게 해주는 단골 음식점들, 그리고 늘 단정한 모습으로 인해 나로 하여금 무안한 마음을 갖게 하는 룸메이트. 바로 북경에서 MBA를 해야 하는 이유다.

청화대학의 상징 청화원

北京大學 光華管理學院

Peking University, Guanghua

신중국을 움직이는 인문계열 최고의 명문대학
최고의 MBA를 지향하는 명문 MBA

북경대학 MBA

www.gsm.pku.edu.cn

유학생에게 듣는다_이홍삼 1966년 생

1990년 한국외국어대학교 중국어과 졸업
1994년 (주)코오롱상사 입사
2000년 북경 TG 정보기술유한공사 부총경리
2001년 홍콩 TGAV 기술투자 북경 상주 대표
2003년 7월 북경대학 IMBA 졸업
현재 (주)플랜티넷 북경법인 CFO · 부총경리

School of Management

북경대학 광화관리학원 MBA

구분	내용
MBA 설립연도	1994년 (IMBA : 2001년)
소재지	북경
과정의 종류와 기간	· FULL-TIME MBA : 2년 · PART-TIME MBA : 3년 · IMBA : 2년 · EMBA : 20개월
사용 언어	· IMBA : 영어 · 기타 MBA : 중국어
교수진	91명
교수진 중 박사학위 소지자 비율	86%
〈FORTUNE〉 중문판 선정 중국 MBA 순위	2005년 4위
〈경리인(經理人)〉 선정 2004년 중국 MBA 순위	3위
기타 순위	〈TIME〉 선정 세계 17위
외국인 지원 자격	· 비중국 국적자 · 신체 건강 · 중국 문화와 관습, 법률과 학교의 규정을 준수할 자 · 학사학위 이상 소지자 · 3년 이상의 근무경력 · GMAT 600점 이상 · HSK 6급 이상 (F–MBA)
지원 서류	· 외국인 유학생 신청표 · 이력서 · 졸업증명서 · 성적증명서 · GMAT 600점 이상 성적 증명 · HSK 6급 이상 성적 증명 (F–MBA) · 추천서 2부 · 여권 복사본
입학생 GMAT 성적 평균	641점
전형 일정	· 4월까지 신청서 접수 · 5월 면접 실시 · 6월 합격자 통보 · 9월 입학
학비 총액	유학생의 경우 MBA : 121,000위엔
졸업생 수	2,200여 명
재학생 수	1,071명
이수 학점	IMBA : 44학점, MBA : 52학점
유학생 비율	10% 내외
졸업 후 취업률	100%에 가까움
졸업 후 연봉	평균 140,000위엔 내외

1. 학교 소개 및 지원 방법

청화대학이 이공계 최고의 명문이라면 북경대학은 인문계 최고의 명문대학이다. 북경대학은 최고의 역사를 자랑하며 최고의 인재를 배출하는, 그야말로 중국을 움직이는 대학이라고 할 수 있다. 북경대학은 한국 유학생들이 가장 선호하는 대학이기도 하며, 중국인들의 자랑이기도 하다.

북경대학 광화관리학원은 1985년에 북경대학 관리학원으로 출발했고, 1993년 12월에 북경대학 경제관리과와 북경대학 관리과학센터가 합병을 하면서 그 역사가 본격적으로 시작됐다고 할 수 있다. 그 후 1994년

북경대학 광화관리학원 건물

9월 18일, 북경대학과 광화교육기금회가 학원설립협의를 체결한 후 공상관리학원은 정식으로 북경대학 광화관리학원으로 이름을 바꾸었다. 그리고 같은 해에 MBA 과정이 개설되었다.

1985년 설립 이후 20년이라는 시간을 거치면서 광화관리학원은 중국 내 최고의 관리학원으로 발전했다.

1) 학제

구분		기간	비고
MBA	전일제 (FULL-TIME MBA)	2년	· 두 학기는 수업, 나머지 두 학기는 논문 · 제1년 첫 여름방학은 실습기 　(공상기업에 배치되어 실습)
	재직반 (PART-TIME MBA)	3년	· 주 2회 저녁과 주말 전일 수업 · 5개 학기는 수업, 마지막 1학기는 논문
IMBA	FULL-TIME	2년	싱가포르와 북경에서 각 1년씩 수업
EMBA	PART-TIME	20개월	월 1회 주말(금~월)에 수업
기타	재직 MBA 학위반	2년 반	· 북경반, 심천반으로 운영 · 저녁과 주말에 수업 · 1년 반은 수업, 나머지 1년은 논문

IMBA

북경대학 광화관리학원의 국제 MBA는 '두 언어 두 학위 제도(DUAL DEGREE)'를 실시하고 있다. 현재는 싱가포르국립대학과 프랑스 ESSEC과 합작으로 MBA 프로그램을 시행하고 있다. ESSEC과의 합작프로그램의 경우, 1년차에 북경대학 MBA에서 수업을 마치고 합격을 하면 2년차에는 ESSEC에서 수업을 받고 실습을 한 후 졸업논문을 쓴다. 논문이 통과되면 두 학교의 학위를 모두 받는다. 싱가포르국립대학과의 합작프로 그램의 경우, 2학기와 3학기를 싱가포르에서 수업을 받고 실습을 한다. 역시 두 곳의 학위를 모두 받는다.

북경대학 광화관리학원 IMBA는 전세계에서 처음으로 수업 중에 중국어와 영어를 동시에 사용하기 시작했다.

2) 전공 방향

회계와 재무관리

금융관리

시장영업과 마케팅

인력자원과 조직행위

정책결정과 정보관리

전략과 국제기업관리

3) 학생 현황

2004년 9월 현재 11기 MBA까지 총 3,500명이 입학했으며, 그 중 2,200여 명이 졸업을 하여 공상관리석사(MBA)학위를 취득했다. 현재 재학생은 1,071명이며 그 가운데 205명은 심천반에 재학 중이다.

학생 출신 분포도

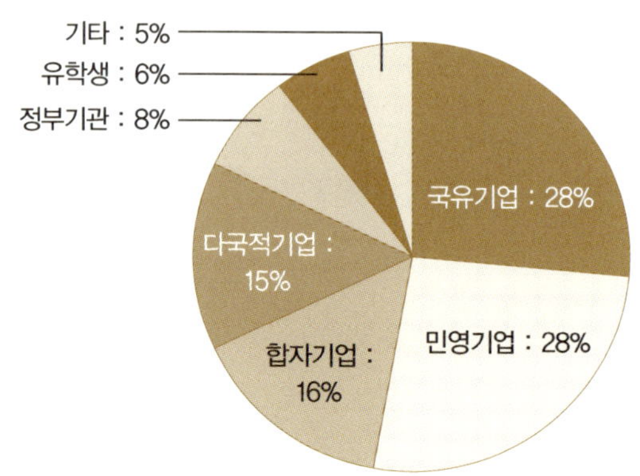

4) 교수 현황

2004년 9월 현재, 북경대학 광화관리학원 MBA의 교원 수는 91명이며 그 중 교수는 31명, 부교수는 34명, 강사는 26명이다. 박사학위 소지자는 79명이며, 그 중 43명이 해외에서 박사학위를 취득했다.

전세계의 많은 저명한 교수들을 겸임교수로 초빙하고 있으며, 유명한 교수와 엘리트들을 장·단기 방문교수로 초빙하고 있다. 예를 들어 1996년 노벨경제학상 수상자인 제임스 멀리스(James Mirrlees) 박사를 명예교수로 초빙하였고, 미국 코넬대학의 찰스 리(Charles Lee) 교수와 홍콩대학의 시에궤이즈(謝貴枝) 교수를 각각 회계·재무관리과, 시장마케팅과의 연합학과장으로 임명했다.

5) 총학비

유학생 　- MBA : USD14,600 (121,000위엔 정도)
　　　　 - IMBA : 사정에 따라 달라질 수 있다.
중국 학생 - MBA : 75,000위엔
　　　　　 - IMBA : 80,000위엔

6) 지원 방법

북경대학 광화관리학원 MBA는 최근에 입학 전형방법을 조금 바꾸었
다. 면접 점수의 비율을 높였으며, 응시생의 배경 또한 중요한 자료로 삼
고 있다. 아울러 경험과 잠재능력 또한 매우 중요시하고 있다.

유학생은 GMAT와 HSK 성적을 제출해야 하며, IMBA에 지원할 때는
교류하고 있는 외국 대학의 MBA에서 요구하는 서류도 제출해야 한다.

유학생 지원 자격

1) 비중국 국적자
2) 4년제 대학 졸업 이상의 학력
3) 3년 이상의 근무경력
4) GMAT 600점 이상
5) HSK 6급 이상 (FULL-TIME
　 MBA의 경우)

북경대학의 상징탑

지원 서류

1) 북경대학 외국 유학생 입학신청표

2) GMAT 성적 증명 (600점 이상 5년 내 유효)

3) FULL-TIME MBA 신청자는 HSK 성적표 (6급 이상, 2년 내 유효)

4) 이력서

5) 대학 졸업증명서 (공증 후 복사본)

6) 대학 성적증명서 (공증 후 복사본)

7) 추천서 2부

8) 여권 복사본

* 모두 중문 혹은 영문으로 작성되어야 하며, 같은 양식을 모두 2부씩 준비해야 한다.

면접

지원자는 모두 북경대학 MBA의 입학 면접에 응해야 하며, 면접에 통과해야 입학할 수 있다. 면접은 2005년의 경우 5월에 실시되었으며, 시간은 개별적으로 통보한다.

합격 통보

매년 6월말 전에 입학허가가 난 학생에게 개별적으로 입학통보를 하고, 관련 자료를 송부한다.

7) 커리큘럼

북경대학 광화관리학원 MBA의 졸업 이수학점은 52학점이고, 과목은 필수와 선택으로 나뉜다.

핵심 필수과목

과 목		학점
회계학	Accounting	3
비즈니스영어	Business English	3
응용통계학	Applied Statistics	2
기획과 정책결정	Planning and Decision-making	2
관리경제학	Managerial Economics	3
관리정보시스템	Management Information System	2
사회주의 경제이념과 실천	Theory and Practice of Socialist Economy	2
조직행위학	Organizational Behavior	3
시장마케팅	Marketing	3
생산과 작업관리	Production and Operation Management	2
회사재무	Corporate Finance	3
전략관리	Strategy Management	3

공통 선택과목

과 목		학점
중국 MBA 실전케이스 연구와 토론	Chinese MBA Real Case Study	2
프로젝트관리	Project Management	2
미시경제학	Micro-economics	2
기업환경관리	Management of Business Environment	2
국제무역	International Trade	2
지속가능창업		2
실용상무자료분석과 예측		3
확률론 입문		1

전공 부문별 필수과목

전공 부문		과목	학점
회계와 재무관리	재무리포트분석	Analysis of Financial Statement	2
	관리회계	Management Accounting	2
	관리콘트롤과 심사	Management Control and Audit	2
금융관리	금융시장과 금융기구	Financial Market and Financial Institution	2
	증권투자학	Security Investment	3
	회사재무안건	Topic on Corporate Finance	2
	재무리포트분석	Analysis of Financial Statement	2
결정과 정보관리	관리정보시스템		2
	지식관리	Knowledge Management	2
	정책결정 시뮬레이션	Decision-making Simulation	2
	e-비즈니스	Electronic Business	2
시장마케팅	브랜드관리	Brand Control	2
	소비자행위	Consumer Behavior	2
	마케팅연구	Marketing Study	2
인력자원과 조직관리	인력자원관리	Human Resource Management	2
	리더십행위	Leadership Behavior	2
	조직설계와 조직발전	Organizational Design and Organizational Development	2
전략과 국제기업관리	국제관리	International Management	2
	기업과 환경	Business and Environment	2

전공 부문별 선택과목

전공 부문		과목	학점
회계와 재무관리	중국회계실무분석	Accounting Policy and Accounting Behavior	2
	세수계획과 세무회계	Tax Planning and Tax Accounting	2
	국제회계와 재무보고	International Accounting and Financial Report	2
	고급재무회계	Senior Financial Accounting	2
	고급관리회계	Senior Management Accounting	2
	국제재무관리	International Financial Management	2

전공 부문	과 목		학점
금융관리	투자은행	Investment Bank	2
	금융기구 리스크관리	Risk Management of Financial Institution	2
	기업가치평가와 가치창조	Evaluation of Business Value and Value Creation	2
	창업투자	Risk Investment	2
	금융공학이론과 실무	Theory and Practice of Financial Projects	3
	고정수익증권	Security with Fixed Profits	2
	화폐금융학	Monetary Finance	2
	회사재조직과 병합	Corporate Restructuring and Purchase	2
	회사관리	Corporate Control	2
	실증금융	Positive Finance	2
	재무안건분석		2
시장마케팅	마케팅 전략	Marketing Strategy	2
	광고관리	Advertisement Management	2
	국제마케팅	International Marketing	2
	마케팅경로	Marketing Channels	2
	마케팅데이터분석	Marketing Data Analysis	2
	공공관계		2
	상업전술훈련		2
인력자원과 조직관리	인력자원개발	Development of Human Resources	2
	인사측량과 효과평가	Personnel Survey and Achievement Assessment	2
	관리사상사	History of Management Thought	2
	기업논리	Enterprise Ethics	2
	관리커뮤니케이션	Management Communication	2
전략과 국제기업관리	경제법	Economic Law	2
	전략과 기획 실시	Strategy and Planning Implementation	2
	경쟁전략	Competitive Strategy	2
	중소기업관리	Management of Minor Enterprises	2
결정과 정보관리	기업정책결정 실례분석	Case Analysis of Business Decision	2
	물류와 공급연결 관리	Management of Logistics and Supply Chains	2

8) 교류 및 합작 현황

북경대학 광화관리학원은 개방형 학교를 표명하면서 유럽, 미주, 대양주, 아시아의 20여 개 대학과 학술 교류 및 광범위한 합작관계를 유지하고 있다. 싱가포르국립대학 MBA, 미국의 KGSM(Northwestern University Kellogg School of Management) MBA, 시카고대학 MBA, 버지니아대학 DARDEN MBA, 프랑스의 INSEAD MBA, ESSEC MBA, HEC MBA, 영국 런던 MBA, 홍콩과기대학 MBA 등이 그 대상이다. 학생들은 이들 학교에서 3개월 전후의 교류학습(해당 학교의 1 QUARTER)을 하고 오기도 하며, 학점도 이수하여 인정받을 수 있다.

그리고 국내외 금융계, 경제학계, 기업계와 긴밀한 관계를 유지하며 넓은 합작관계를 계속하고 있다.

북경대학 도서관

2. 유학생에게 듣는다

이홍삼

1966년 생

1990년	한국외국어대학교 중국어과 졸업
1992년	한국외국어대학교 대학원 아주 지역학과 졸업
1994년	(주)코오롱상사 입사
2000년	북경 TG 정보기술유한공사 부총경리
2001년	홍콩 TGAV 기술투자 북경 상주 대표
2003년 7월	북경대학 IMBA 졸업
현재	(주)플랜티넷 북경법인 CFO · 부총경리

1) 지원 동기

대학교에서 중국어를 전공하고 대학원에서 중국 문제를 연구하던 중 대기업에 입사를 했고, 줄곧 중국 관련 업무를 담당했다. 당연히 중국 출장이 잦아지면서 중국에 대한 이해가 늘어났고 중국이라는 나라의 매력에 빠지기 시작했다. 회사 내에서 과분하게 중국전문가 대접을 받으며 거대한 중국시장이 가진 가능성을 주목하던 중, 2000년에 벤처 열기와 국내 기업들의 중국 진출 붐에 휩싸여 모 기업의 대 중국 벤처 투자 컨설팅 팀의 일원으로 북경 땅을 밟게 되었다.

중국에서 일을 하면 할수록 피부로 느낄 수 있었던 것이, 아무리 좋은 기술과 자금력을 갖춘 한국기업이라도 중국 내의 비즈니스 문화를 이해하지 못하고 현지인들과의 인적 네트워크를 구축하지 못하면 비즈니스 기회를 찾기도 힘들 뿐더러, 어렵게 찾아온 비즈니스 기회를 살리기도 힘들다는 것이었다. 거기다 개혁 개방에 뒤이은 세계적인 IT 시대의 도래와 발맞춰 소위 '해귀파(海歸派)'로 불리는 중국의 해외 유학파 엘리트 인력들의 귀국 물결이 이어지면서 우리가 상대해야 할 중국기업들 내부에서도 선진 경영기법과 마케팅기법이 급속히 도입되는 등 변화와 혁신의 바람이 불고 있음을 감지할 수 있었다.

그래서 내린 결론이, 비즈니스적인 이해가 결부되지 않은 상황에서 앞으로의 중국 재계를 이끌어갈 예비 경영자, 예비 관리자들을 만나 교류를 나누고, 그들의 눈으로 현재 중국기업들의 현재와 미래를 바라볼 수 있는 기회를 얻을 수 있는 MBA 과정 입학이었다. 13억 인구를 가진 거대 시장으로서 거침없는 경제 성장을 계속하면서 중국은 블랙홀과도 같이 세계 각국의 자본을 끌어들이고 있었고, 중국 국내외 유수의 기업들이 경쟁적으로 투자를 늘려가면서 관리와 마케팅을 담당할 유능한 인재를 찾기에 혈안이 되어 있었다. 이런 상황에서 중국의 우수한 젊은 인재들의 발걸음이 점차 MBA로 쏠리고 있었다. 그렇기에 향후 중국의 경제 관련 부처나 경쟁력 있는 기업 내에 MBA 출신들의 인맥이 갖춰질 거라는 것이 내 판단이었다.

MBA는 그들과 함께 배우고 토론하며 그들을 이해하기 위해 노력했던 내게 새로운 기회의 문을 열어줄 것이고, 비즈니스적인 기회나 이익 이상의 의미로 내 남은 중국 생활을 살찌게 해줄 것이라는 기대가 나를 들뜨게 했다.

2) 합격 비결

중국의 거의 모든 MBA는 경력이나 어학면에서 요구하는 조건이 거의 비슷하다. 우선 영어는 쓰기와 말하기를 잘 준비해야 하고, 면접에 대비하여 학교마다 대동소이한 에세이에 신경을 많이 써야 한다. 에세이가 면접 자료가 되기 때문이다. 아직 회사 근무경력이 없는 사람의 경우, 가능하다면 중국에 알려진 기업에서 경력을 쌓는 것이 합격에 도움이 될 것이다. GMAT, TOEFL, 그리고 HSK는 중국 MBA에서 요구하는 수준만 되면 점수 자체가 당락에 관여하지는 않을 것으로 보인다. 그러나 같은 조건이라면 GMAT 성적이나 HSK 성적에 가산점을 주는 학교도 있으니 잘 알아보고 준비를 해야 하겠다. 나는 중국 MBA가 외국인에게 많이 알려지지 않았던 시절에 입학을 해서 어렵지 않게 합격을 했으나, 최근에는 중국 MBA가 많이 알려지기 시작하면서 외국인끼리도 경쟁하는 상황이 연출되고 있으므로 어학과 경력 및 학점 관리는 필수 준비 사항이라고 생각된다.

북경대학 광화관리학원 건물

3) 학교생활 체험담

북경대학은 외국인 학생은 우선적으로 IMBA 과정에 배치한다. 따라서 IMBA는 대부분의 과목이 영어로 진행된다. 나는 MBA 수업을 회사생활과 병행했는데, 회사를 마치고 퇴근 후 시간과 주말까지 이어지는 수업 강행군에 학기당 20학점이 넘는 학점 이수를 요구하는 학사일정을 소화하는 것은 생각보다 훨씬 힘들었다. 학기 초에는 퇴근 후 학교로 향하는 차 안에서 과제물을 준비하고, 저녁식사도 거른 채 강의실로 뛰어가는 힘든 나날이 이어졌다.

다행히 미국에서 공부한 경험과 어느 정도 자신 있는 영어실력 덕에 수업을 듣고 리포트를 쓰고 시험을 치르는 데는 별다른 어려움이 없었다. 하지만 일반적으로 미국 경영대학원의 교재를 사용해 이루어지는 사례 연구나 그룹 과제 등에는 종종 예습을 해오지 못해서 중국인 클래스메이트들에게 폐를 끼치는 경우가 많았다. 그래도 싫은 기색 없이 내 상황을 이해해주고, 자신들과 다른 경험을 가진 내 얘기에 관심을 갖고 귀 기울여주던 그 친구들이 지금 생각해도 고마울 따름이다.

다행스러운 것은 함께 공부한 대부분의 중국 학생들이 영어로 수업을 들은 경험이 거의 없어 교수님들의 수업 진행 속도가 그리 빠르지 않았다는 사실이다. 중국어로 진행되는 수업에서는 중국인 학생들이 물고기가 물을 만난 듯 거침없이 발표와 토론을 해서 원어민이 아닌 나에게는 부담이 가중될 수밖에 없었다. 그래서 개인적으로는 중국어실력이 어지간히 뛰어나지 않은 바에는 영어로 수업을 하는 MBA에 입학할 것을 권하고 싶다. 어차피 대부분 미국 MBA 교재를 사용하고 있고, 개념이나 용어 자체가 영어 원서를 볼 때 이해가 더 쉽게 되는 것을 고려하면 중국이기 때문에 중국어로 수업을 들어야 한다고 고집할 필요는 없을 것 같다.

어쨌든 간에 영어든, 중국어든, 언어는 학교 수업은 물론 교우 관계의 형성에도 큰 영향을 미치는 요인인 만큼, 미리 언어연수프로그램 등을 통해 외국어 실력을 충분히 배양해놓는 것이 MBA 생활을 보다 효과적으로 만드는 첩경이라 생각한다.

현재 중국의 MBA를 준비하는 예비 학생들 가운데 회사의 해외교육 프로그램을 통해 지원을 받을 수 있는 일부 대기업 출신을 제외한 대부분의 사람들은 아마도 회사를 그만두고 최소한 2년 이상의 시간을 학업에 투자해야 하는 데에 적잖은 부담을 느끼고 있을 것이다. 하지만 앞서 언급한 대로 학업과 직장생활을 병행하는 데는 그만큼 포기해야 할 점도 많다. 따라서 경제적으로 능력이 된다면, 수업에도 충실할 수 있고 중국 학생들과의 과외 활동을 통해 폭 넓은 교제도 즐길 수 있도록 학교생활에 전심전력하는 것이 좋을 것 같다. (거듭 강조하지만 중국인 학생들과의 교류와 토론을 통해 그들의 문화와 사고방식을 이해하고 좋은 관계를 쌓는 것은 수업 못지않게 중요한 부분이며, 개인적으로 내게는 가장 아쉬웠던 부분이기도 하다.)

그리고 상경계나 이공계를 졸업한 학생이 아닌 경우, 경제학이나 통계, 회계 등 수학적 지식이 필요한 필수과목을 공부하는 데 어려움을 느낄 수 있다. 따라서 미리 한국어로 쓰여진 관련 교재들을 준비해서 주요 개념들을 익혀두고, 필요할 때마다 수시로 펼쳐보며 공부하는 것이 학교 생활에서 불필요한 스트레스를 받지 않는 지름길이 아닌가 싶다.

4) 경력 관리

내 경우는 무슨 거창한 경력 관리를 위해서 MBA에 지원한 것은 아니었다. 업무적인 필요와 함께 장기적으로 중국에서 비즈니스를 하는 데 필요한 소양과 인맥을 갖추기 위한 동기가 더 컸던 것 같다. 그러나 중국에서 취업을 준비하거나, 중국전문가로 거듭나기 위해 준비하는 이들에게 있어서는 아무래도 중국에서 MBA를 졸업하고 학위를 취득했다는 것이 좋은 경력 관리의 수단이 될 수 있을 것이라 생각된다. 다만 최근에는 중국에 MBA가 난립하여 MBA 과정이 전국적으로 100개 가까이 된다고 하니, 미리 필요한 정보를 수집해서 교수진과 커리큘럼이 잘 짜여 있고 이왕이면 대외적으로 잘 알려진 학교를 선택하는 것이 좋을 것 같다.

우선 입학부터 해놓고 보자는 식으로 외부에서 알아주지 않는 MBA 과정을 선택하는 것은 결코 바람직하지 않다. 그런 MBA는 졸업을 해도 그 효용가치가 크지 않을 뿐더러, 함께 공부하는 중국 학생들의 수준이나 교육의 질이 높지 않아 기대했던 성과를 거두지 못하고 시간과 비용을 낭비하는 결과를 가져올 수도 있기 때문이다.

학교를 선택하는 일 자체가 경력 관리라고 보면, 제시간 안에 과정을 마치는 일도 매우 중요한 경력 관리의 일환이다. 어렵고 고된 과정이라 하더라도 낙오되지 않고 같이 입학한 중국인들과 함께 졸업하는 일 또한 매우 중요하다. 그리고 실습이나 재학 중에 본인이 원하는 분야의 기업에 인턴으로 갈 기회가 주어진다면 그 기회를 충분히 활용하여 경험을 쌓는 것도 매우 중요한 경력 관리가 될 것이다.

전공 선택 또한 경력 관리의 핵심적인 부분이다. MBA 졸업 후의 자신의 진로를 미리 구상하고, 그와 연관된 과목들을 중심으로 학점을 이수해 나가면서 전공 방향을 정하는 것이 졸업 후 특정 분야로의 진출이나 전문성 향상에 큰 도움을 준다는 것은 재차 언급할 필요가 없을 것이다.

마지막으로, 중국의 MBA에서 개인에게 주는 해외연수 혹은 해외 교환학생 제도 등을 십분 활용하는 일 또한 중요하다. 그리고 중국에서 공부하는 동안 학교측과 동문들과 긴밀한 유대관계를 갖는 것이 무엇보다 중요한 일임을 명심하기 바란다. (북경대학의 MBA 과정은 2학기 수료 후 싱가포르 국립대학이나 유럽 MBA로의 유학 기회를 제공하고 복수 학위 취득 및 장학금 지원 등의 혜택을 폭넓게 제공하고 있으니 참고하기 바란다.)

5) 후배들에게 해주고 싶은 말

중국이라는 나라는 이미 우리의 미래에 커다란 영향을 줄 수 있는 중요한 변수의 하나로 자리 잡았다. 지리적 근접성이나 국제정치적 요인을 거론하지 않더라도, 13억 인구의 거대 시장에서 나오는 막대한 구매력과 풍부한 노동력에 기반을 둔 중국의 급속한 경제 발전은 더 이상 원가 절감을 위한 생산기지나 무한한 가능성을 가진 상품시장 등의 단편적인 접근을 허용치 않는 것 같다.

이미 세계 유수 대기업들의 각축장으로 변해버린 이곳에서, 골드러시를 꿈꾸듯 요란하게 밀려왔다가 소리 없이 사라지는 수많은 한국기업들을 바라보며, 또한 하루가 다르게 기술 격차를 줄여가며 우리의 해외 시장을 잠식해가는 '메이드 인 차이나' 제품의 홍수를 지켜보며, 일종의 비장한 책임감마저 느낀다면 지나친 과장인지 모르겠다.

하지만 한국기업들 사이에서도 중국에 가면 무언가 기회가 있을 것이라는 막연한 기대감이 급속히 사그라지고, 중국은 더 이상 피해갈 수 없는 선택이라는 절박함이 대신 자리를 채우고 있는 것 또한 부정할 수 없는 현실인 것 같다.

중국에서 MBA 과정에 지원하는 데는 개인마다 제각기 다른 동기와 목표가 있을 것이다. 중국기업의 생리를 이해하고, 중국 내에 유력한 인적 네트워크를 확보하고, 중국전문가로서의 경력을 관리하고, 새로운 취업 기회를 물색하는 것 등등. 이 모든 기대를 충족시키는 데 있어 중국에서의 MBA 과정은 분명 가장 확실한 방법 중 하나가 될 것이다.

하지만 한 가지 분명한 것은 MBA 과정의 입학 자체가 이 모든 것을 자연적으로 제공해주지는 않는다는 사실이다. 모든 일이 그렇듯이, 그 시간을 어떻게 활용했느냐에 따라 성과는 판이하게 달라질 수 있다는 것을 기억했으면 한다.

개인이든 기업이든 경쟁력을 갖추지 못하면 살아남기 힘든 것이 현재 중국의 비즈니스 상황이다. 부디 원하는 학교에 입학하고 주어진 시간을 잘 활용하여 새로운 기회를 열어나가기 바란다.

스페인에서 기증한 동상과 북경대학 역사박물관

上海交通大學 管理學院

Shanghai Jiao Tong University,

청화대학과 함께 이공계열 최고의 명문대학
2002년 중국 교육부 선정 최고의 MBA

상해교통대학 MBA

www.asom.sjtu.edu.cn

유학생에게 듣는다_박상민 1970년 생

1990년 국민대학교 중어중문학과 입학
1996년 ○○은행 입행
2004년 9월 상해교통대학 MBA 입학

이상준 1970년 생

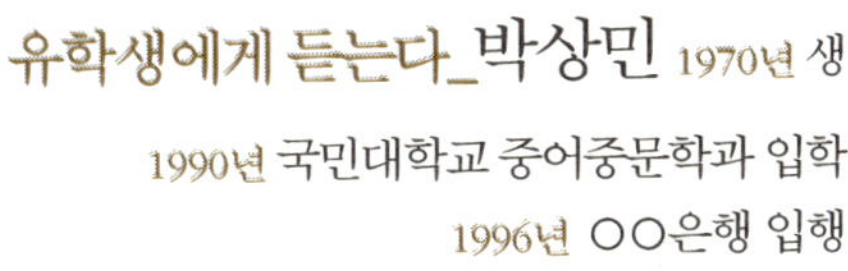

1997년 연세대학교 경영학과 졸업
1997년 (주)한국장기신용은행 입사
2000년 키움닷컴증권(주) 입사
2005년 9월 상해교통대학 MBA 입학 예정

School of Management

상해교통대학 MBA

구분	내용
MBA 설립연도	1994년
소재지	상해
과정의 종류와 기간	· FULL-TIME MBA : 2년 · PART-TIME MBA : 2년 반 · TECHNICAL MBA : 2년 반 · FINANCIAL MBA : 2년 반 · IMBA : 2년 · EMBA : 20개월 · 기타 위탁 MBA
사용 언어	· IMBA : 영어 · 기타 MBA : 중국어
교수진	144명
교수진 중 박사학위 소지자 비율	55%
〈FORTUNE〉 중문판 선정 중국 MBA 순위	2005년 6위
〈경리인(經理人)〉 선정 2004년 중국 MBA 순위	4위
외국인 지원 자격	· 학사학위 이상 소지자 · 학사학위 소지자 3년 이상 경력 · 3년제 졸업자 5년 이상 경력 · TOEFL 550점 이상, IELTS 6.0 이상, GMAT 성적우수자 우선 입학 고려
지원 서류	· 이력서 · 학습 목적 설명서 · 추천서 2부 · 직인이 찍힌 성적증명서 복사본 · 학위증서 복사본 · 영어 수준을 증명하는 성적표
전형 일정	· 4월 30일까지 신청서 및 서류 제출 · 면접 후 합격자 통보
학비 총액	외국 국적의 학생은 USD12,500
졸업생 수	2,250여 명
재학생 수	1,250명 정도
이수 학점	54학점
유학생 비율	· IMBA : 13% · 기타 MBA : 3% 내외
졸업 후 취업률	100%에 가까움
졸업 후 연봉	평균 130,000위엔 내외

1. 학교 소개 및 지원 방법

　상해교통대학은 장쩌민 전 국가주석을 비롯한 인재들을 많이 배출한 중국 4대 명문대학(청화대, 북경대, 교통대, 복단대)의 하나로, 1896년에 개교한 유서 깊은 대학이다. 청화대학과 마찬가지로 이공계통이 강하며, 미래의 잠재력을 인정받는 우수한 학교로, MBA 과정 또한 중국의 명문으로 그 자리를 굳혀가고 있다.

　상해교통대학 안태(安泰)관리학원 MBA 프로그램은 1994년에 시작되었다. 2005년 현재까지 12기에 걸쳐 학생을 모집하였으며 총인원은 3,513명에 달한다. 2005년 봄까지 2,250여 명이 상해교통대학 MBA를 졸업했다.

상해교통대학 제 1 강의동

역사적으로 상해교통대학 관리학원의 설립은 1918년으로 거슬러 올라간다. 중국에서 가장 먼저 관리학원을 설립한 학교 중 하나이다. 1984년에 교육부의 허가를 받아 관리학원을 재설립하였으며, 1996년에는 미국의 애트나그룹(미국의 보험회사, Aetna International Insurance Company)의 투자로 관리학원을 설립했다. 그리고 2000년에 정식으로 학교 명칭을 바꿔 상해교통대학 안태관리학원이 탄생했다.

1) 학제

구분		기간	비고
MBA	전일제 (FULL-TIME MBA)	2년	
	재직반 (PART-TIME MBA)	2년 반	주 2회 저녁과 주말 중 하루 수업
IMBA	FULL-TIME	2년	
EMBA	PART-TIME	20개월	월 1회 주말(금~월)에 수업
기타	기술반 (재직 MBA 학위반)	2년 반	주중 저녁, 주말 중 하루 수업
	금융반 (재직 MBA 학위반)	2년 반	주 2회 저녁, 주말 중 하루 수업
	집중수업반	2년 반	월 2회 주말을 포함한 3일 동안 집중 수업

IMBA 특징

- 전 과정 영어 수업

- 두 학교 증서 발급(교통대학 연구생 졸업증서와 공상관리석사학위증서, 해외 학습과 실습 증명서)

- 전세계에서 영입한 교수진, 아시아 · 유럽 · 북미 대학의 저명한 교수들과 다국적기업의 경영진에 의한 수준 높은 강의

- 국외 유명 대학들과 교환학생프로그램 운영

2) 전공

시장마케팅과 전자비즈니스

기업회계와 재무

금융관리

창업과 투자관리

기술관리와 창조

물류와 공급선

인력자원관리

3) 학생 현황

1994년 MBA 과정이 시작된 이래 2005년까지 입학한 총인원은 3,513명에 달하며, 졸업생은 2,250여 명이다. 학기마다 MBA 350여 명, IMBA 40여 명을 모집한다.

2003년의 경우 MBA 재학생 수는 1,300여 명, EMBA 재학생 수는 780명이었고, 외국인 유학생은 모두 162명이었다.

4) 교수 현황

2003년 기준으로 144명의 교원이 재직 중이며, 그 중 교수가 48명, 부교수가 61명이며, 55%의 교수가 박사학위를 보유하고 있다.

5) 총학비

외국인은 MBA와 IMBA 모두 유학생 비용을 적용받아 미화 12,500달러이다.

6) 지원 방법

IMBA

외국인 지원 자격

1) 국제적으로 인정하는 정규대학 학사학위 소지자

2) 대학 졸업 후 최소 3년 이상의 직장경력

3) 종합시험(외국인을 대상으로 하는 능력검정시험)과 면접 합격자

*3년제 전문대학 졸업자는 5년 이상의 직장경력과 종합시험 및 면접 합격자

4) 모국어가 영어가 아닐 경우, 그리고 대학 재학 중 영어로 수업을 받지 않았을 경우, TOEFL이나 IELTS 점수가 필요하다. TOEFL의 경우 550점 이상, IELTS의 경우 6.0 이상을 요한다. GMAT 성적이 우수한 경우에는 우선적으로 입학을 고려한다.

지원 서류

1) 이력서

2) 학습 목적 설명서

3) 대학 졸업증명서 복사본

4) 대학 성적증명서 복사본

5) 영어 시험 성적표

6) 추천서 2부

외국인 전형 방법

1) 상해교통대학 관리학원 대외경제교류사무실에서 신청서를 받아 제출하거나, 상해교통대학 관리학원 인터넷 홈페이지 http://www. asom.sjtu.edu.cn에서 입학신청서를 다운로드 받아 신청한다.

2) 규정 시간 내에(매년 4월 30일 전/1년 1회) 국제교육학원에 신청서와 지원 서류들을 신청비 100달러와 함께 제출한다.

3) 필요할 경우 상해교통대학 관리학원 사무실과 IMBA 프로그램 팀에서 면접을 진행한다. (성적 우수자는 면접 면제)

MBA

- 외국 유학생들은 서류와 면접을 통해 입학이 결정된다.
- IMBA와 달리 종합시험을 볼 필요는 없다.

상해교통대학 상징탑

7) 커리큘럼

IMBA 커리큘럼

집중 교육법인 모듈방식을 채택하고 있다. 모듈방식은 4일 연속 한 과목을 집중적으로 수업하여 끝내는 방식이다.

MODULE 1	예비과정	관리, 단체와 커뮤니케이션 관리문헌 열람과 강연
MODULE 2	핵심과정	재무회계 관리회계 회사재무 관리경제학 거시경제학과 공공정책 정보기술 국제상법 수리모형과 결정
MODULE 3	필수과정	국제마케팅관리 운영관리 국제인력자원관리 다국적기업전략관리
MODULE 4	선택과정	국제금융 창업관리 리스크관리 물류관리 e-비즈니스 프로그램관리 조직 동태 지식관리

8) 교류 및 합작 현황

미국의 하버드대학, MIT Sloan School, USC(University of Southern California), 미시간대학 등 50여 해외 저명한 대학들과 폭넓은 관계를 맺고 합작과 교류를 행하고 있고, 외국인 교수 10여 명이 교학에 참여하고 있다. 국제 합작프로그램에 의해 지금까지 300여 명의 MBA 졸업생을 배출했다.

외국 대학과의 합작프로그램

1. 미국 USC와의 GEMBA 과정
2. 홍콩 성시대학(城市大學, City University of Hong Kong) EMBA 과정
3. 홍콩 과기대학(科技大學)과의 MTM(기술관리석사) 프로그램
4. 싱가포르 남양이공대학과의 MBA 제휴프로그램
5. 캐나다 UBC대학(The University of British Columbia, Vancouver, Canada) Sauder School of Business와의 프로그램
6. 프랑스 Marseille 상학원과의 금융 MBA 과정

2. 유학생에게 듣는다

박상민

1970년 생

1990년　　　　　　국민대학교 중어중문학과 입학

1995년　　　　　　대만 문화대학교 교환학생

1996년　　　　　　○○은행 입행

2002년~2004년　　○○은행 중국데스크 담당

2004년 9월　　　　상해교통대학 MBA 입학

1) 지원 동기

대학교에서 중국어를 전공한 후 은행에 취업을 했다. 5년간 여러 지점에서 근무하면서 은행 내에서도 전공을 살릴 수 있는 일을 하고 싶은 마음에 틈틈이 중국어 공부를 게을리 하지 않았다. 대학 4년 내내 중국어학원에 다니면서 열심히 중국어를 공부했고, 1995년에는 대만에서 교환학생으로 공부를 하는 등 나름대로 중국어를 열심히 했다고 생각했기 때문에 더더욱 중국과 관련된 업무를 하고 싶었다. 그러던 중 인천공항지점에서 근무를 하게 되어 어느 정도 꿈을 이루었다. 그 후 본점에 중국데스크가 생겼고, 은행 직원을 대상으로 그 담당자를 공개 모집했는데, 거기에 선발되어 약 2년간 중국데스크를 맡아 일했다. 그러면서 중국 내 지점 설립이나 중국과 관련한 조사업무 전반, 중국 투자 고객에 대한 컨설팅 등의 업무를 했다.

업무를 하면서 절실하게 느끼고 아쉬웠던 점이, 중국에 직접 살면서 중국을 제대로 바라보지 못했다는 점과 재무나 회계 등 경영학 지식이 부족한 점, 그리고 중국 내 인적 네트워크가 많이 부족하다는 점이었다.

이 때문에 중국으로 유학을 가서 더 많이 배우고 경험하여 명실상부한 중국전문가가 되어야겠다고 결심하게 되었고, 생각한 끝에 중국 MBA에서 공부하는 것이 최선의 방법인 것 같아 지원하게 되었다.

2) 합격 비결

중국의 MBA 과정들은 갈수록 경쟁이 치열해지며 점점 입학하기가 어려워지고 있다. 교통대의 경우 한국인 지원자의 수도 2003년에 6명, 2004년에 10여 명, 2005년에 20여 명으로 계속 늘어나고 있다. 교통대는 기타 학교와 달리 면접에 중점을 두고 있다. 서류전형에서 GMAT이나 TOEFL, TOEIC 점수의 제한은 없지만 점수가 높을수록 가점이 있고 국제반 같은 경우에는 점수가 낮으면 안 된다. 면접에서는 영어와 중국어 그리고 경영상식에 대해 집중적으로 질문하므로 철저히 대비해야 한다. 아울러 중요시하는 것은 직장경력이다. 3년 이상의 근무경력을 요구하며, 자신의 경력에 대해 구체적이고 상세하게 기술하고 설명할 수 있어야 한다.

3) 학교생활 체험담

교통대 MBA에는 여러 개의 반이 있다. 중국어로 수업을 하며 경영 전반에 대한 수업을 하는 일반 중문반(FULL-TIME MBA)이 있고, 영어로 수업하는 국제반(IMBA), 파이낸스나 회계 분야를 주로 공부하는 금융반, 그리고 기술공정이나 생산관리 등을 공부하는 기술반 등이 있는데, 나는 일반 중문반에 입학했다. 일반 중문반의 수업은 중국어로 진행된다. 나는 중국어에 자신이 있었기 때문에 수업에는 문제가 없을 거라고 생각했는데, 기대와 달리 수업 내용의 50퍼센트도 알아듣지 못하는 상황이 발생했다. 굉장히 당황스럽고 난감하고 실망스럽기까지 했다.

왜 그럴까 곰곰이 생각해보니 여러 가지 이유가 떠올랐다. 첫째, 나는 입학과 동시에 중국으로 건너왔기 때문에 현지에서 거주한 기간이 전무했다. 따라서 듣기 훈련이 안 되어 있었다. 둘째, 직장생활을 시작한 이후로 세 시간 또는 세 시간 반씩 이어지는 수업을 중국어로 수강한 적이 없었기 때문에 집중력이 부족했다. 셋째, 회계나 마케팅, 계량경영학 등의 수업에서 나오는 중국어 전문용어는 내게 생소한 것이었다. 이유를 분석한 후부터는 수업 전에 예습을 철저히 한 후 수업에 임했고, 그 결과, 전반적으로 이해도를 많이 높일 수 있었다.

중국어를 전공하긴 했지만 경영학에 대한 지식이 부족한 나같은 학생들이 중국에서 MBA 과정을 하면서 어렵게 느끼는 과목이 재무, 회계, 관리경제학, 계량경영학 등이다. 사실 이 과목들은 우리말로 배워도 어려울 텐데 중국어나 영어로 배우니 정말 어렵다는 것을 실감했고, 예전에 공부를 해두었다면 좋았을 텐데 하는 후회도 했다.

첫 학기에 수강했던 과목 중에 수치모형 및 결책(계량경영학)이라는 과목이 있었다. 수학공식도 많이 나오고 해서 가장 어렵게 생각하던 과목이었고, 교수님은 출석을 매번 꼬박꼬박 체크하는 등 무척 엄격하서서 성적이 잘 나오지 않을까 걱정을 많이 했다. 시간이 흘러 마지막 수업시간에 교수님께서 갑자기 한국 학생 가운데 한 사람이 수업했던 내용 중한 가지 항목을 직장생활을 할 때의 경험으로 실제 사례를 들어 설명해 보라고 하셨다. 그래서 내가 앞으로 나가게 되었는데, 나는 내용이 너무 어려워서 이해를 잘 못하겠다고 솔직하게 이야기했다. 그랬더니 교수님 께서 그러면 왜 중국으로 MBA를 하러 왔는지 얘기해보라고 하셨다. 한 국에서 직장생활을 할 때 중국데스크를 맡아 일하면서 부족한 점을 많이 느꼈고, 그래서 진정한 중국전문가로 거듭나기 위해 중국에 왔으며, 앞 으로 더욱 열심히 하겠다고 약 5분에 걸쳐서 이야기를 했다.

발표를 끝내자 교수님께서는 중국에 온 지 몇 년이 되었냐고 물어보셨 다. 학기가 시작할 때 왔으니 4개월 되었다고 말씀드렸더니 교수님께서 는 그런데 어떻게 중국어를 중국인보다도 더 잘하냐고 칭찬을 하셨다. 동학들은 나에게 교수님께 확실하게 눈도장을 찍어서 좋겠다는 얘기들 을 했다. 그 과목의 시험은 직장에서 적용할 수 있는 계량경영학의 사례 를 20페이지 정도 분량의 소논문으로 써 내는 것이었는데, 정성을 많이 들여서 제출했다. 그 결과 A학점을 받아 무척 기뻤고, 자신감을 얻었다.

상해교통대학 신상원 강의실

4) 경력 관리

중국에서 MBA를 한다는 것이 대단한 일이라고 생각하지는 않는다. 다만 아직은 중국에서 MBA를 하고 중국이나 중국기업에 대해 연구하는 사람들이 많지는 않으므로 희소가치가 있을 것이라는 생각은 든다. 나도 MBA 과정을 마치고 다니던 은행에 복귀하면 중국 MBA 출신 제1호가 된다. 그만큼 더 부담스럽기도 하다.

앞으로의 계획은 MBA의 경험을 살려 중국 관련 업무를 하며 중국 내 지점에서 근무하는 등 계속해서 전공을 살려 근무하는 것이다. 현재는 중국의 연안지역에만 지점이 개설되어 지점이 몇 군데 안 되지만, 향후 중부지역이나 서부내륙에도 지점이 설립될 것으로 예상되므로 지점 설립이나 시장조사 업무 등에 기여할 수 있을 것이라고 생각한다. 그리고 중국본부가 설립된다면 중국본부 내에서 중요한 역할을 맡고 싶다.

5) 후배들에게 해주고 싶은 말

우선 중국 MBA에 대해 지나친 기대와 환상을 갖지 않았으면 하는 말을 해주고 싶다. MBA 졸업증서가 모든 것을 해결해주거나 바꿔주지는 않는다는 사실을 직시했으면 한다. 사실 중국에 살면서 한국인들을 만날 때마다 느끼는 것은, 잘하는 사람은 어디를 가도 잘하고, 못하는 사람은 어디를 가도 힘들다는 것이다. 예를 들어 한국에서 사업을 잘하고 돈을 잘 벌던 사람은 중국에 와서도 잘하고, 한국에서 할 일이 없어서 중국에 오면 기회가 많겠거니 하며 막연한 '차이나 드림'을 품고 오는 사람들은 중국에 와서도 역시 힘들다.

MBA도 마찬가지다. 실력이 있고 자기만의 특장점이 있는 사람은 MBA라는 하나의 자격증을 갖고 더 발전할 수 있을 테지만, 한국에서 구직을 하다 잘 안 되어서, 또는 퇴직을 하고 막연히 MBA에 대한 희망만을 갖고 오는 것은 무척 위험하다는 생각이 든다.

인적 네트워크에 대한 섣부른 기대도 금물이다. 우리 반 같은 경우를 예로 들면, 동학들은 현재 직장 5~9년차의 중간관리자급이기 때문에 당장 그들에게서 무엇을 얻어낼 수 있는 것은 아니다. 물론 상황에 따라 도움을 받을 수도 있겠지만, 그보다는 훗날 그들이 고위관리자가 되거나 창업하여 경영자가 되었을 경우에 더 큰 도움을 기대할 수 있을 것이다.

10만 위엔이라는 만만치 않은 학비(서방국가보다는 싸지만)가 들고, 생활비도 상하이의 경우 한 달에 100만원 내외를 쓰게 되는데, 이는 결코 적은 돈이 아니다. 따라서 좀더 신중하게 따져본 후 구체적이고 명확한 계획과 마음자세를 갖고 중국으로 와야 할 것이다.

많은 학생들이 중국에 대한 구체적이고 실질적인 정보가 부족하여 시간을 오래 허비하기도 하고, 중국에 사전 탐사를 오는 등 물질적인 손해를 보기도 한다. 직접 학교에 문의를 하는 등의 방법으로 재학생의 연락처를 구해 직접 자문을 구하거나, 인터넷 카페나 홈페이지를 찾아 시험에 관한 정보나 커리큘럼, 동학들의 정보를 구하는 등 치밀하고 적극적인 노력을 들여 필요한 정보를 최대한 습득하여 한 가지라도 더 많은 것을 알고 준비하는 것이 바람직할 것이다.

이상준

1970년 생	
1997년	연세대학교 경영학과 졸업
1997년	(주)한국장기신용은행 입사
1999년	금융감독위원회 은행팀 파견 근무
2000년	키움닷컴증권(주) 입사, 기업금융팀 근무
2005년 9월	상해교통대학 MBA 입학 예정

1) 지원 동기

나는 대학 졸업 후 한국장기신용은행에 입사하면서부터 지금까지 계속해서 기업의 '생로병사'와 관련한 업무를 해왔다. 장기신용은행은 기업을 대상으로 하는 도매금융이 주 업무영역이기 때문에 길지 않은 기간 동안 꽤 많은 대기업과 중소기업에 대해 분석할 수 있었다. 또한, 1997년 아시아 전체를 강타한 금융위기 속에서 많은 수의 한계기업이 도산으로 몰려가는 과정을 현장에서 직접 지켜보았다. 이후, 키움닷컴증권에서 벤처붐을 타고 창업되는 신생기업들에게 컨설팅을 해주고 사세의 재도약을 위한 기업공개(IPO) 업무를 하면서 기업의 흥망성쇠가 사람의 생로병사와 크게 다르지 않다는 것을 깨달을 수 있었다.

오랜 기간 동안 경쟁력을 유지하고 있는 기업 역시 경기의 부침과 산업 및 제품의 라이프 사이클에 따라 기회와 위기를 겪게 된다. 경쟁력을 유지하기 위해서는 기업이 속한 산업과 더 크게는 국가와 세계 경기에 대한 정확한 예측과 이를 대비한 과감한 사전 투자가 필수불가결한 것이다. 이는 개인의 커리어 역시 마찬가지라고 생각한다.

나는 중국어를 전공한 사람도 아니고, 중국과 관련한 업무를 해본 사람도 아니었다. 그러나 한국의 많은 기업들이, 특히 핵심 경쟁력이 취약한 중소기업이 중국기업과의 경쟁에서 큰 어려움을 겪고, 또 다른 중소기업은 이러한 위기를 기회로 바꾸어 도약하는 모습을 보면서 중국의 경제적 부상에 대해 관심을 갖게 되었다.

중국경제가 2020년에 미국을 뛰어넘을 것이라는 예측도 있으나, 개인적으로는 그렇게 보지는 않는다. 하지만 분명한 것은 미국은 상대적으로 성숙된 시장이나, 중국은 성장하는 다이내믹한 시장이라는 것이다. 물론, 경제의 발전에 따른 부작용도 적지 않지만, 앞으로 상당 기간 동안 중국의 역동적인 변화는 유지될 것이라고 믿는다. 변화는 리스크이기도 하지만, 그러한 변화의 과정에서 기회가 생기는 것은 분명한 사실이다. 내가 중국행을 택한 이유도 여기에 있다.

문제는 중국을 어떻게 알아나갈 것인가로 귀착되었다. 나는 아직도 중국어를 그리 잘하지는 못한다. 물론, 중국어를 잘한다면 좀더 유리하겠지만 중국어를 잘해야만 중국을 알 수 있는 것은 아니라고 생각한다. 직접 중국 사람과 부딪치고, 비슷한 관심을 갖는 사람들과 교류하다 보면 중국에 대한 이해도 높아질 것이고, 또 이를 위해서는 중국어와 영어 등 어학이 필요할 것이기에 어학 공부에 더욱 매진할 수 있는 선순환 구조가 가능할 것이라고 판단했다. 이를 위해서는 MBA 과정을 이수하는 것이 좋은 방안이 될 것이라고 생각하여 지원하게 되었다.

2) 합격 비결

교통대학 MBA에 지원하는 과정에서 느낀 것은 생각보다 지원 절차가 까다롭다는 것이었다. 특히, 예고 없이 케이스를 주고 테스트를 하는 것과 중국어와 영어를 번갈아 사용하며 면접을 하는 점은 이전 경험자들의 이야기와는 조금 거리가 있었다. 이러한 상황은 외국인 지원자들의 수가 늘어나면서 학교 측에서 학생을 선택할 수 있게 되었다는, 다시 말해 학교가 수요자의 시장이 되어가고 있다는 사실을 나타내는 것이다.

중국의 경제 발전과 거대한 중국 내수시장에 진출하기 위한 외국기업의 투자가 계속될 것이라고 가정하면, 한국을 비롯한 외국의 정부, 기업, 학계, 연구기관 등에서는 중국전문가에 대한 수요가 계속 확대될 것으로 예상할 수 있다. 이는 곧 향후 MBA의 문턱이 점점 높아질 수 있다는 의미로 해석될 수 있다.

이번 지원에서 특히 인상적이었던 점은, 당연한 것일 수 있지만, 경력을 상당히 중요시한다는 인상을 받았다는 점이다. 이런 의미에서 중국인들에게 친숙한 한국의 대기업에서 근무한 경력은 유리한 요소로 작용할 수 있을 것이다. 또한, 최소한의 경력(예를 들면 3년 이상) 요건은 갖춘 상태에서 지원해야 한다.

상해교통대학 교직원 클럽 건물

경력 외에 다른 중요한 요소는 언어다. 지금 MBA를 준비하는 사람이라면, 또한 중국으로 갈지 미국으로 갈지를 아직 정하지 않았다면 더욱 GMAT나 TOEFL 고득점이 필요할 것이고, 기본적인 영어실력이 필수적으로 요구될 것이다(영어로 진행하는 International MBA의 경우 특히 그럴 것이라 사료된다.) 단지 MBA가 아닌 중국의 대학도 영어실력에 상당한 비중을 두는 것으로 알고 있다. 여기에 중국 MBA를 지원하기 위해서는 다시 중국어(HSK) 실력이 필요한데, 결국 두 개의 언어에 투자해야 하는 이중고를 겪을 수도 있는 것이다.

언어감각이 탁월한 사람도 있겠지만, 대부분의 사람은 외국어 습득에 오랜 시간이 걸릴 것이다. 기본적으로 해당 언어를 사용하는 국가에 살면서 배우는 것이 가장 빠른 길이겠으나, 내 생각으로는 유학을 오기 전에 한국에서 스스로 준비를 많이 하고 와야 중국에서의 준비기간도 짧아진다. 가장 효율적인 것은 영어실력을 갖춘 상태에서(GMAT, TOEFL—절대적인 것은 아니나) 중국 현지에 와서 중국어를 배우며 기본적인 요건(HSK)을 획득하는 방법일 것으로 본다.

3) 경력 관리

경력을 관리하는 차원에서도 MBA는 한 가지 대안일 수 있다고 생각한다. 물론, MBA 과정을 이수하는 것만으로 개인적인 자질과 가치가 업그레이드될 것이라는 기대는 처음부터 갖지 않았다. 그러나 '나'라는 무형자산에 대한 좋은 투자방법 중의 하나라는 것은 분명하다고 생각한다. 특히, 지명도가 있는 대학의 MBA 프로그램은 궁극적인 목표는 아니더라도 중국에서의 인적 네트워크 형성에는 도움이 될 것이라 생각한다.

물론, 업무를 하면서도 필요한 사람을 만나고 사귈 수 있겠으나, 이해

관계가 걸린 상황에서의 교류는 왠지 한계가 있을 것 같다는 생각이다. MBA 프로그램의 최대 장점은 일정한 인적 퀄리티가 보장된 사람들끼리, 향후 아군이 될지, 적이 될지, 아니면 무관한 위치에 있을지 모르는 상황에서 순수한 인간적·지적 교류가 가능하다는 것이 아닐까?

하지만 단지 이력서에 한 줄을 추가하여 남에게 생색을 내기 위해서라면 중국 MBA는 아직 효과가 그리 크지는 않을 것 같다. MBA 프로그램을 다 알지는 못하지만, 내가 아는 한 아직은 워튼, 하버드 비즈니스 스쿨 등 미국의 유명한 MBA 프로그램에 비해 중국 MBA의 진입장벽은 그리 높지 않다. 현재의 투자는 미래의 가능성에 대한 투자이다. 따라서 먼저 중국이라는 국가의 가능성에 대해 스스로 확신을 가진 후라야 중국 MBA를 통한 투자가 비로소 의미 있는 것이 될 수 있다고 생각한다.

4) 후배들에게 해주고 싶은 말

무슨 일이든 그렇지만, 자신이 절실히 필요하다고 느끼는 일에는 에너지를 집중하게 된다. MBA에 지원하는 사람도 그런 절실함을 갖기를 바란다. MBA에 왜 지원하느냐는 물음에 자신의 소신을 말할 수 있어야 한다. 그냥 이력서에 한 줄 추가하려고, 아니면 막연히 '관시'를 만들려고, 라고 생각한다면 중국이라는 나라에서 들여야 할 비용과 시간이 너무 아깝지 않을까?

나 자신 중국에서 생활한 지 1년이 갓 넘은 상황에서 중국이 어떻다고 명확하게 말할 수 있는 입장은 아니다. 하지만 남에게 말하지 않더라도 자신이 갖고 있는 지식과 경험을 통해서 중국에서 일어나는 현상을 해석하는 나름대로의 '패러다임'을 갖는 것은 충분히 의미 있는 일이라고 생각한다. 중국에서 태어나고 수십 년을 지낸 사람도 중국이라는 나라를

정의하고 중국의 사회현상을 해석하는 데 하나의 방식만 갖고 있는 건 아닐 것이다. 문제는 자신이 중국을 보는 패러다임, 즉 자신의 원칙과 필터가 없다는 것이다. 투자에도 철학이 있고, 기업 경영에도 철학이 있고, 개인의 삶에도 철학이 있다. 이러한 자신만의 철학과 패러다임을 바탕으로 미래를 예측하고, 그 결과에 따라 중국에서 MBA를 할지 결정하면 되는 것이라고 생각한다. 물론, 새로운 자극과 빗나간 예측의 결과에 따라 융통성을 발휘하며 자신의 패러다임을 그때그때 수정해 나가는 개방적인 태도도 필요할 것이다.

또한, 중국인들보다는 중국어가 서툴 수밖에 없는 한국인들 간에 원활한 정보교류가 이루어질 수 있도록 노력하면 좋겠다. 한국에서 직장생활을 하면서 계속해서 느낀 것이, 한국인들은 별것 아닌 정보도 노출하기를 꺼리는 경향이 있다. 이 때문에 중복적인 정보의 탐색에서 발생하는 비효율이 상당하다고 생각한다. 어차피 정보란 그 수준에 따라 상대가 받아들일 준비가 안 되어 있다면 아무 소용이 없다. 핵심 경쟁력은 결국 개인의 수준에 따라 체화되는 것일 텐데, 그 가치가 너무 높아 노출할 수 없는 정보가 얼마나 될지 의심스럽다. 결국, 비용 좀 들이고, 시간 좀 들이면 알 수 있는 수준의 정보라면 아낌없이, 적극적으로 공유하는 편이 좋을 것이라고 생각한다.

최근에 중국 유수의 MBA에서 한국 학생을 그리 반기지 않는다는 이야기를 들었다. 치열한 경쟁을 뚫고 들어오는 중국 학생에 비해 한국 학생의 자질이 떨어진다는 것이다. 그럴 수도 있겠지, 라고 넘기기엔 자존심이 많이 상한다. 스스로 자신의 가치를 입증하려는 피나는 노력이 필요할 것이다. MBA가 '지식근로자'의 요람이 될 수 있느냐 없느냐는 졸업생 한 사람 한 사람의 성공이 모여져야 가능한 것이기 때문이다.

復旦大學 管理學院

Fudan University, School of

세계와의 교류를 통해 세계 일류를 지향하는 개방된 대학
미국 MIT MBA와 합작으로 탄생한 MBA

복단대학 MBA

www.fdms.fudan.edu.cn

유학생에게 듣는다_ 실패담

나북경 (가명)

서울 소재 대학교 중어중문학과 졸업
모 한국기업 중국법인 5년 근무
2001년 9월 복단대학 MBA 입학
2001년 12월 중도 포기

Management

복단대학 MBA

구분	내용
MBA 설립연도	1991년
소재지	상해
과정의 종류와 기간	· FULL-TIME MBA : 2년 · PART-TIME MBA : 2년 반 · IMBA : 2년, 2년 반 · EMBA : 2년
사용 언어	· IMBA : 영어 · 기타 MBA : 중국어
교수진	110명 + 외국인 교수 2명
교수진 중 박사학위 소지자 비율	58%
〈FORTUNE〉 중문판 선정 중국 MBA 순위	2005년 3위
〈경리인(經理人)〉 선정 2004년 중국 MBA 순위	2위
외국인 지원 자격	· 학사학위 이상 소지자 · 학사학위 소지자 3년 이상 경력 · 석사학위 소지자 2년 이상 경력 · 만 40세 이하 · GMAT 600점 이상 · HSK 6급 이상 (해당 MBA만)
지원 서류	· 신청서 · 졸업증명서, 학위증명서 · 졸업 논문 · 성적증명서 · 2부의 추천서 (기업 핵심인사 필수) · GMAT 600점 이상 성적 증명 · HSK 6급 이상 성적 증명 · 신체건강검사표
전형 일정	· 매년 대략 3~4월 신청서 접수 · 6월 하순 면접 · 9월 입학
학비 총액	· IMBA : 140,000위엔 · 보통반 : 130,000위엔
졸업생 수	2,100명
재학생 수	1,300여 명
유학생 비율	· IMBA : 10% · 기타 MBA : 2%
졸업 후 취업률	100%에 가까움
졸업 후 연봉	평균 130,000위엔 내외

1. 학교 소개 및 지원 방법

　복단대학은 중국에서 일류 명문대학으로 인정받는 유명한 대학으로, 청화대학, 북경대학, 상해교통대학과 함께 중국 4대 명문대학 중의 하나다. 복단대학은 1991년에 1차로 국무원 학위위원회와 국가교육부에서 공상관리석사(MBA)학위를 수여할 수 있는 학교로 비준 확정한 9개 대학 가운데 한 곳이다.

　복단대학 MBA 과정은 2004년 현재 13년 동안 2,100여 명의 학생을 배출했다. 2000년에는 국무원 학위팀에서 실시한 전국 MBA 교학 합격 평가에서 최고의 평가를 받기도 했고, 2001년에는 교육부 국가급 우수

복단대학 입구에 있는 마오쩌뚱 동상

학교 성과평가에서 1등을 차지했다.

복단대학은 외국과의 교류가 활발하고 개방된 학풍을 자랑하며, MBA 과정도 다양한 교환프로그램 덕에 최고의 MBA로 그 가치를 인정받고 있다. 그 예로 복단대학 MBA 과정은 북경의 청화대학, 광주의 중산대학과 마찬가지로 미국 MIT Sloan School과 제휴를 맺고 지원과 혜택을 받고 있다. 또한 독일의 함부르크대학, 홍콩의 홍콩대학과 복수학위제도를 운영하고 있기도 하다.

1) 학제

구분		기간	비고
MBA	전일제 (FULL-TIME MBA)	2년	월요일에서 금요일까지 수업
	전주말반(PART-TIME MBA)	2년 반	금요일과 토요일에 수업
	기본여가반(PART-TIME MBA)	2년 반	월요일에서 금요일 중 하루를 선택해서 오후부터 저녁까지 수업, 주말에 하루 수업
IMBA	전일제	2년	월요일에서 금요일까지 수업
	기본여가반	2년 반	월요일에서 금요일 중 하루와 주말 중 하루 수업
EMBA	PART-TIME	2년	월 1회 주말(금~월)에 수업
기타	MBA 재직위탁반	2년 반	월요일에서 금요일 중 하루와 주말 중 하루 수업

IMBA

복단대학과 미국 MIT Sloan School의 합작프로그램으로, 1995년부터 운영되고 있다.

특징

전 교재를 영문교재로 채택하고 있으며, 교수방법 또한 Sloan의 수준에 가깝다. 우수한 학생들에게는 다국적기업에서 실습할 기회가 주어진다. 규정된 학점을 이수하고 논문과 구술시험을 통과하면 졸업증서와 학위증서를 받으며, IMBA 졸업생들은 MIT의 증명서(졸업증서나 학위증서는 아님)도 받는다.

2) 전공

국제경영

시장마케팅

재무관리

정보관리

전자비즈니스

물류관리

창업과 창업투자

금융기구관리

회계

체육산업

3) 학생 현황

2004년 현재까지 졸업생은 총 2,100명이며, 2005년 현재 재학생은 1,300여 명을 웃돌고 있다. 유학생 비율은 IMBA의 경우 10% 내외이며, 기타 MBA는 2% 전후로 알려져 있다.

매년 총 500여 명의 학생을 모집하고 있으며, 2005년의 경우 MBA는 240명, IMBA는 120명을 모집했다.

4) 교수 현황

중국인 교수는 110명이며 외국인 교수는 2명으로 알려져 있다. 83.3%의 교수들이 대외적으로 저명한 직책을 갖고 활동하고 있으며, 교수 중 58%가 박사학위를 갖고 있다. 정교수와 부교수를 합한 비율은 73%이다. 1993년부터 교수들은 MIT나 기타 저명한 학교에 방문교수로 참가하여 교수 능력을 높이고 있다.

복단대학 본관 건물

5) 총학비

유학생 - 보통반 : 130,000위엔

　　　 - IMBA : 140,000위엔

(학비는 두 번에 나누어 낼 수 있다.)

6) 지원 방법

지원 자격

MBA, IMBA

1) 석사학위 소지자 : 졸업 후 2년 이상의 업무경력

2) 4년제 대학 졸업생 : 3년 이상의 업무경력

3) 3년제 전문대학 졸업생 : 5년 이상의 업무경력

4) 연령제한 : 만 40세 이하

5) GMAT 600점 이상

6) HSK 6급 이상 (해당 MBA만)

MBA 재직위탁반

1) 4년제 대학 졸업 이상의 학력

2) 5년 이상의 업무경력

IMBA 유학생 지원 서류

1) 입학 신청서

2) 대학 졸업증명서 (원본과 복사본)

3) 대학 성적증명서와 졸업논문

4) 추천서 2장 (기업의 주요 인사 추천서)

5) HSK 6급 이상 증서 (원본 및 복사본)

6) GMAT 600점 이상 증서 (원본)

7) 여권 복사본

8) 신체건강검사표 (복사본)

면접

3~4월에 중국 학생들의 GRK 성적이 나오면 면접을 보는데, 외국인도 이때 학교에 서류를 제출하고 면접을 본다. 면접에서는 에세이를 토대로 질문을 하여 학생들의 진위여부를 가리기도 하므로 에세이를 쓸 때 미리 면접에 대비하는 것이 좋다. 그리고 면접을 통해 학생의 잠재력을 파악한 후 당락을 결정하므로 자신의 능력과 자신감, 비전을 면접위원들에게 확실히 보여줄 필요가 있다.

일정

매년 3월 1일~5월 10일 신청서 접수

6월 하순 면접

9월 입학

7) MBA와 IMBA 커리큘럼

	MBA	IMBA
공통과목	정치	비즈니스영어
기초과목	관리경제학 회계학 마케팅관리 운영관리 관리정보시스템	수리모형결정 조직행위학 기업전략관리 회사재무
종합선택과목	인력자원관리 관리커뮤니케이션 상법	거시경제학 관리논리학
국제경영	국제비즈니스관리 다국적 문화관리	국제시장마케팅관리 국제무역이론과 실무
정보시스템과 전자비즈니스	e-비즈니스 모식과 응용 정보자원관리	전자비즈니스기술 기업자원계획과 공급연결 정보시스템
시장마케팅	정가책략과 기술 마케팅연구	일반마케팅과 인터넷마케팅 서비스마케팅과 고객관계관리
인터넷시대의 물류관리	공급선관리 e-비즈니스 책략과 운영	현대물류관리 인터넷시대의 물류정보기술
재무관리	금융시장 국제재무관리	투자학 재무분석과 결정
창업과 창업투자	창업학 산업경쟁분석	창업투자 M&A와 기업구매
회계	기업세무기획 관리회계	유럽, 미국 다국적기업 회계실무 비교분석
체육산업	국제체육마케팅 체육소비자행위학	체육경제학 경기경영이론과 방법
금융기구관리	금융공학	금융기구 리스크관리
기타	건설프로그램과 자산평가실무	
IMBA 과정 (미국 MIT Sloan School과 합작)		
핵심과목	관리경제학 재무회계 관리커뮤니케이션	전략관리 수리, 모형과 결정
학위전공과목	마케팅관리 다국적 경영관리 관리정보시스템	운영관리 회사재무
선택과목	인력자원관리 거시경제학 과학기술 창조관리 금융시장과 투자 창업학 재경법률	정보기술 물류관리 국제재무관리 인터넷마케팅 관리논리학

8) 외국 대학과의 합작프로그램

상해-홍콩 국제 MBA반

복단대학과 홍콩대학 합작프로그램. 반전일제로, 수업 기간은 2년이며, 학점을 이수하고 지정한 프로그램의 연구를 마쳐야 한다. 논문과 구술시험은 없다. 매년 140명을 모집한다.

국제 수준의 교재를 사용하고 실제 케이스를 중시하며 수업은 모두 영어로 이루어진다. 이 프로그램의 학생은 홍콩대학의 정식 등록 학생으로 대우받으며, 모든 과정을 마치면 홍콩대학의 MBA 학위증서와 복단대학의 증명서를 함께 받는다(복단대학으로부터는 학위증서를 받지는 않는다). 매년 우수한 학생 50명을 선발하여 전일제로 홍콩에서 1년간 수업을 받을 수 있는 기회를 제공한다.

복단대학-BI Norwegian School of Management 합작프로그램

유럽에서 규모가 가장 큰 상학원인 BI-Norwegian School과 1996년부터 운영 중인 합작프로그램이다. 학제는 2년이고, 정해진 모집 인원은 없으며, 원칙적으로 365일 학생을 모집한다.

영어로 된 교재를 사용하며, 수업도 영어로 진행된다. 모든 과정을 마친 후 시험에 통과하면 팀별로 논문을 쓰며, 논문이 통과되면 BI Norwegian 관리학원의 MBA 학위와 복단대학 관리학원에서 발급하는 학습증명서를 받는다.

복단대학-Univ.of Hamburq Dual Master Degree Program

복단대학과 독일의 함부르크대학이 함께 개설한 국제경제무역에 대한 두 학교 동시학위 프로그램.

영어로 모든 수업이 이루어진다. 수업의 3분의 2는 독일에서, 3분의 1은 중국에서 받는다.

학생 분포는 40%가 독일이 주가 된 유럽 학생, 40%는 중국이 주가 된 아시아 학생, 나머지 20%는 북미, 남미, 기타 지역의 학생들로 구성되어 있다.

복단대학 미국 문제 연구소

2. 유학생에게 듣는다

나북경(가명)

서울 소재 대학교 중어중문학과 졸업

모 한국기업 중국법인 5년 근무

2001년 9월	복단대학 MBA 입학
2001년 12월	중도 포기
2005년 현재	모 한국기업 중국법인 근무

1) 지원 동기

나는 대학을 졸업한 후 5년 동안 한 국내기업의 중국법인에서 일을 했다. 중문학을 전공했던 대학시절부터 중국에서 일을 하고 싶었기 때문에 한동안은 매일 매일이 즐거웠다. 그러나 시간이 지날수록 뭔가 부족한 느낌이 들면서 일이 손에 잡히지 않기 시작했다. 결국 방황과 고민의 연속 끝에 일상생활도 망가지고 회사생활도 망가지기 시작했다. 다행히 사장님께서 먼저 나에게 고민을 물어왔고, 나는 매너리즘에 빠진 내 상황과 심정을 털어놓았다. 사장님과 면담을 하면서 나는 미래에 대해 내가 무엇을 걱정하는지 알게 되었고, 그 난관을 극복하는 데 필요한 자료를 찾기 시작했다. 다시 공부를 하면서 미래를 준비하려는 생각은 일찍부터 있었지만, 그것이 MBA는 아니었다. 그러나 우연한 기회에 MBA 과정을 알게 되었고, MBA를 졸업하기만 하면 인생역전이 가능할 거라는 신기루 같은 꿈을 안은 채 무작정 입학을 준비하기 시작했다. 미래에 대한 구체적인 계획이나 체계적인 준비는 없었고, 막연한 기대와 희망만으로 MBA의 문을 두드렸던 것이다.

2) 합격 비결

내가 입학을 준비하던 2001년만 하더라도 복단대학 MBA는 GMAT 성적을 요구하지도 않았고, 외국인 지원자가 적었기 때문에 외국인에 대해서는 문호가 개방되어 있었다. 그러나 지금은 매우 힘든 과정을 거쳐야 입학도 가능하고 졸업도 가능한 것으로 알려져 있으므로, 준비를 철저히 해야 할 것으로 보인다.

예전에는 내가 받았던 HSK 8급 점수도 충분한 것이었으나, 지금 그 점수는 어디에 명함도 내밀 수 없는 성적이다. 따라서 예전에 내가 준비한 것처럼 해서는 합격하기 힘들 것이다. 지금 나는 다시 중국 MBA에

복단대학 강의동

도전하려 준비 중인데, HSK 최고 등급을 위해 공부하고 있고, GMAT 성적도 600점 이상을 얻기 위해 따로 학원을 다니고 있다. 중국 현지법인에서 일하고 있기 때문에 중국어는 말하는 것, 쓰는 것, 듣는 것 모두 자신이 있지만, 그런 나도 중국 MBA는 아직도 두렵다. 영어가 가장 문제이긴 하지만 차근차근 준비하고 있다.

중국의 MBA를 준비하는 후배 여러분들은 이런 점을 인식하고 중국어, 영어, 그리고 요즘 들어 강조되고 있는 면접과 경력관리에 신경을 많이 써야 한다. 그래야 첫 번째 관문인 입학의 기쁨을 누릴 수 있을 것이다.

3) 학교생활 체험담

복단대학 IMBA 과정의 합격통보를 받았을 때 나는 너무 기뻐 하늘을 나는 기분이었다. 그리고는 그만이었다. 중국어를 잘한다고 생각했기에 졸업은 따놓은 당상이라 여겼고, MBA를 준비하느라 소홀했던 회사생활에 다시 충실하면서 MBA에 대해서는 아무런 준비 없이 입학을 맞았다.

그러나 첫 수업에서부터 사태의 심각성을 느끼기 시작했다. 복단대학 MBA는 그야말로 '전문가 양성소' 라는 느낌이 드는 곳이었다. 대학에서 상경계열이 아닌 중문학을 전공했던 나에게 강의 내용은 무척 생소했고, 수업 강도는 만만치 않았다. 주제넘게 선택한 IMBA 과정은 영어로 강의가 진행되는 바람에 나에게는 이중고를 가져다주었고, 결국 학업 중도포기를 생각하게 만든 결정적인 계기가 되었다.

중국어는 어느 정도 자신이 있었기 때문에 영어를 배워볼까 하는 욕심에 IMBA를 선택했던 것인데, 그건 정말 잘못된 선택이었다. 경영학 분야의 문외한이었던 내가 한국어로 강의를 들어도 어려울 내용을 잘하지도 못하는 영어로 들었으니, 이건 어렸을 때 내용도 모른 채 팝송을 듣던

때와 똑같은 심정이었다. 그러나 나는 이를 악물고 참으며 열심히 하려고 애썼고, 중국인 친구와도 관계를 잘 맺고 교류하고자 힘썼다. 그러나 점점 강도가 강해지는 수업과 시험, 리포트, 그리고 토론 등의 과정은 나에게 절망감을 가져다주었다.

결국, 조금만 참아보라는 주변의 권고와 교수님의 만류를 뒤로 한 채 나는 포기를 택하고 말았다. 경영학의 '경'자도 모르는 상태에서 아무런 준비를 하지 않고 무작정 입학을 한 것과 중국어 과정을 선택하진 않은 것, 그리고 PART-TIME 아닌 FULL-TIME 과정을 선택한 것 등 모든 것이 욕심의 연속이었으며, 결국 그런 욕심들이 나를 중도 포기자로 내몰고 말았다.

중국의 명문대학을 졸업하는 것은 우리가 생각하는 것처럼 호락호락하지 않다. 자신의 능력과 처한 상황 등을 고려하지 않고 무작정 MBA를 선택하는 일은 무모하기 그지없다는 사실을 이해하고, 여러분들은 나의 전철을 밟지 않았으면 한다. 철저한 준비와 자기관리, 그리고 능력의 배양은 중국 유명 MBA에 입학하고 무난히 졸업하는 데 있어서 필수불가결한 일이라고 할 수 있다.

4) 실패 원인

나는 중국의 MBA를 너무 우습게 보았다. 중국어에 자신이 있었기 때문이고, 대학원 과정을 쉽게 생각했기 때문이다. 그러나 그것이 화근이었다. 중국어로 수업을 하는 MBA에 입학했더라면 포기하지 않을 수 있었을 텐데, 너무 욕심을 부리고 영어로 수업을 하는 IMBA에 지원하는 만용을 부린 것이 포기하게 된 중요한 계기가 되었다. 그리고 수업의 강도는 매일 매일을 스트레스로 보낼 만큼 강했고, 주말의 휴식은 꿈도 꾸지 못했다. 또한 나는 FULL-TIME MBA에 지원하면서 일을 계속하는 만용을 부렸다. 일을 계속하려면 반드시 PART-TIME MBA에 지원해야 한다. PART-TIME MBA도 회사에 다니면서 병행하기 어려운데, FULL-TIME은 말할 것도 없다. 그리고 나는 경영과 관련한 지식이 거의 전무한 상태로 지원을 했는데, 이 점도 포기하게 된 중요한 원인이었다. 비경영 분야 전공자나 관리직 출신이 아닌 지원자들은 MBA의 전공 분야를 미리 준비한 후 입학을 해야 과도한 스트레스로 인한 중도 포기를 막을 수 있다.

5) 후배들에게 해주고 싶은 말

나는 MBA를 통해서 좀더 넓은 세상에서 나의 미래를 가꾸고 싶었다. 그러나 지금은 MBA에 입학했었다는 사실조차 숨기게 된다. 오히려 그 사실이 나에게는 경력관리상 치명적인 사건이 되어버린 것이다. 무모하게 외국으로 자신을 내동댕이치는 일은 자신을 망치는 지름길이다. 그것을 끝까지 완수할 자신이 있을 때 그 경력도 빛을 발하게 되는 것이 아닐까.

중국의 MBA는 예전과는 많이 달라졌다. 나는 지금 또다시 중국 MBA 입학을 준비하고 있는데, 중국 MBA가 4년 사이에 많이 달라졌다는 것을 피부로 느낄 수가 있다. 절대 만만하지도 않고, 졸업은 물론이고 입학하기도 힘들어졌다.

중국의 MBA는 지금 세계 최고 수준의 교수진으로 최고 수준의 커리큘럼을 운영하고 있다. 중국 MBA에서는 경영지식도, 중국도, 영어도, 중국어도 모두 배울 수 있고, MBA를 잘 마치면 중국전문가로 대접받을 수도 있다. 그러나 1년 반에서 2년, 혹은 3년을 온전히 학업에 바칠 각오를 해야 한다.

그리고 민간외교관으로서 중국인 친구들과 관계를 잘 맺기를 바란다.
나 한 사람이 잘못하면 많은 것을 잃을 수도 있다는 것을 명심하고 학업
과 생활에 만전을 기했으면 한다.

中歐國際工商學院

China Europe International

중국 상해시 정부와 EU가 합작으로 설립한 MBA
영국 〈Financial Times〉 선정 전세계 MBA 22위

CEIBS
중국 유럽
국제 비즈니스 스쿨

www.ceibs.edu/mba

유학생에게 듣는다_이성규 1973년 생

서울대학교 공대 공학학사, 공학석사
LG 엔지니어링 연구원 등으로 6년 근무
2003년 11월 CEIBS 졸업
2003년~2005년 상해 소재 Emerson Electric AP Headquarter Sales Manager
현재 LG마이크론 전략기획팀 마케팅 파트장

Business School

CEIBS

구분	내용
MBA 설립연도	1994년
소재지	상해
과정의 종류와 기간	· FULL-TIME MBA : 18개월 · EMBA : 2년
사용 언어	영어
교수진	32명 (60%가 외국인)
교수진 중 박사학위 소지자 비율	100%
〈FORTUNE〉 중문판 선정 중국 MBA 순위	2005년 5위
〈경리인(經理人)〉 선정 2004년 중국 MBA 순위	심사에서 전문 MBA 과정 제외로 순위에 없음
기타 순위	영국 〈Financial Times〉 선정 전세계 MBA 22위
외국인 지원 자격	· 학사학위 이상 소지자 · 2년 이상의 근무경력 · GMAT 600점 이상 또는 자체시험 응시 합격 · 유창한 영어실력
지원 서류	· 신청서 · 중문, 영문 이력서 각 1부 · 영문 에세이 · 추천서 2부 · 졸업증명서 · 성적증명서 · GMAT 600점 이상 성적 증명
입학생 GMAT 성적 평균	667점
전형 일정	· 신청 마감 5월 15일 · GMAT나 자체시험 응시 통과자 면접 · 면접 후 합격자 통보
학비 총액	USD25,000
졸업생 수	1,000여 명
재학생 수	186명
이수 학점	학과 58학점 + 실무 5학점
유학생 비율	19%
졸업 후 취업률	95%~100%
졸업 후 연봉	평균 250,000위엔 내외

1. 학교 소개 및 지원 방법

CEIBS는 중국 상해시 정부와 EU가 1994년에 합작으로 설립한 MBA다. 영국의 〈파이낸셜타임즈〉가 발표한 2005년 세계 100대 MBA 순위에 따르면 CEIBS는 중국 대륙에서는 유일하게 22위에 랭크되었다. 홍콩을 포함한다 하더라도 중국 전체 MBA 중에서 가장 순위가 앞선 학교로 평가받고 있다. 즉, 전체 아시아 MBA 가운데서는 1위를 차지한 것이다. 특히 EMBA는 세계 20위로 역시 최고의 과정으로 인정받고 있다.

중국어로는 中歐國際工商學院이라고 쓰며, CEIBS는 CHINA EUROPE INTERNATIONAL BUSINESS SCHOOL의 약자이다.

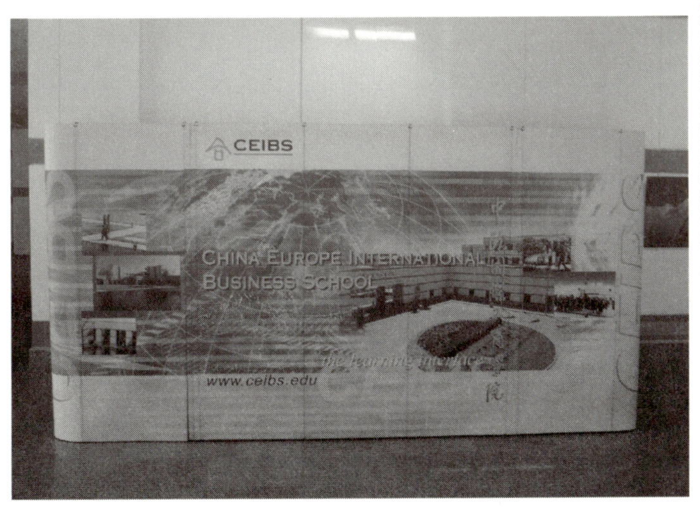

CEIBS는 중국에 개설된 학교 중 유일하게 유럽연합으로부터 EQUIS 인증을 받은 학교이기도 하며, 스파르타식 교육과 철저한 학생관리는 이 학교가 세계 22위로 선정되는 기반이 되었다고 할 수 있다. MBA를 지망하는 중국 학생들의 선망의 대상이 되어가고 있다.

1) 학제

- FULL-TIME으로, 기간은 18개월이다.
- 37학점의 필수과목과 21학점의 선택과목, 5학점의 실전프로그램으로 구성되어 있다.
- 수업은 영어로 진행되며, 교재도 모두 영문 교재를 사용한다.
- 외국인은 특별히 학기 시작 전에 2개월 동안 중국어를 수강할 수 있도록 하여 중국에 적응하는 기회를 가질 수 있게 하고 있다.

2) 학생 현황

총 학생수는 2005년 현재 186명이다.

외국인 학생 비율이 19%로(16개국 24명의 외국인 학생들이 재학 중임. 스페인, 이탈리아, 독일, 덴마크, 스위스, 네덜란드, 이스라엘, 미국, 캐나다, 브라질, 싱가포르, 인도네시아, 말레이시아, 한국, 일본, 홍콩) 중국 대륙의 MBA 중에서는 최고 수준이다. 이는 다양한 문화를 접할 수 있다는 것을 의미하며, 수업 외의 다원화된 경험이 가능함을 의미하기도 한다.

학생 분포 현황 (2004년 입학생 기준)

- 총 학생 수 : 126명
- 평균연령 : 29.3세
- 평균 근무경력 : 6년
- 평균 GMAT 성적 : 667점
- GMAT 성적 분포 : 610~720(중간 정도가 80%를 차지함)
- 국적별 분포 : 중국인 81%, 외국인 18%, 홍콩·대만·마카오 학생 1%
- 출신기업별 분포 : 외자기업 38%, 국유기업 26%, 사영기업 16%, 합자기업 14%, 정부 5%
- 남여 비율 : 남 70%, 여 30%
- 모집 인원 : 예전에는 매년 120명을 뽑았으나, 2005년부터는 180명으로 늘려 뽑을 예정이다.

3) 교수 현황

영국의 〈파이낸셜타임즈〉에 따르면 CEIBS는 3년 연속 교수의 국제화 분야에서 전세계 10위 안에 들고 있다. 32명의 교수 중 60%가 외국인이며, 중국 교수진 역시 모두 해외에서의 교수 경험이 있다.

4) 총학비

유학생 : USD25,000

학비 외에 생활비와 기타 비용을 포함해서 18개월 동안 총비용은 외국인의 경우 미화 32,650달러 정도가 소요될 것으로 예상된다.

5) 지원 방법

외국인 지원자들도 중국 학생들과 동등한 표준에 의거하여 심사한다.

지원 자격

1) 학사학위 소지자 (전공 불문)
2) 2년 이상의 근무경력
3) GMAT 성적(600점 이상) 혹은 CEIBS 입학시험 성적 (선택)
4) 유창한 영어실력 (단, 비영어권 학생에게 TOEFL이나 IELTS 시험 참가를 장려하지는 않는다. 즉, 점수는 필요 없으나, 점수가 있을 경우 학생의 영어실력을 객관적으로 판단할 수 있다는 학교의 발표가 있으므로 입학을 위해서는 필요하지 않을까 생각한다.)

지원 서류

1) 신청서
2) 중문·영문 이력서 각 1부
3) 영문 에세이

4) 추천서 2부

5) 대학 학위증서와 졸업증서 복사본

6) 대학 성적증명서

7) 600점 이상의 GMAT 성적표 복사본 (GMAT는 필수이며, ETS에서 발행한 TOEFL 성적표는 필요시 제출)

8) 신분증 복사본

9) 신청금 지불 증명 (은행 영수증 복사본)

10) CEIBS의 입학시험을 치르는 학생의 경우 응시비 은행 지불 영수증이나 증명

11) 여권용 컬러 사진 5장 (중국 계량단위로 2촌이라고 하는 사진을 내야 한다. 가로3.5㎝, 세로 5.0㎝ 정도)

12) 기업에서 학비를 보조할 경우 학비 보조 확인서

13) 명함

입학 기준

입학이 허가된 후 특수한 사정에 의해 당해 입학이 어려울 경우 학교에 신청하고 심사를 거쳐 허가를 받으면 다음해에 입학을 할 수 있다. 그러나 장학금을 받은 학생의 경우에는 다음해에 입학하는 학생들과 다시 심사를 거쳐 장학금 지급을 결정하게 된다. 당해 분 장학금은 취소된다. 매년 입학생의 약 10%가 전년도에 신청했던 학생들(재수생)로 구성되어 있기 때문이다.

어학 요구사항

유창한 영어를 구사하는 것은 100% 영어로 수업이 진행되는 CEIBS의 특성상 학생들이 가장 먼저 해결해야 할 과제다. 영어가 부족한 학생들은 CEIBS에 입학하기 어렵다. 영어를 제외한 다른 분야에서 우수한 평점을 받은 학생이라면 학기 시작 전 2개월 동안 영어집중훈련반에서 강의를 받는다.

입학 전에 중국어실력에 대한 다른 요구조건은 없지만, 2005년 입학생들에게는 졸업할 때까지 모국어를 제외한 제2외국어를 능숙하게 구사하게 될 것을 요구하고 있다. 중국에서 MBA를 졸업하는 학생들인 만큼 중국어를 유창하게 구사하는 것을 매우 가치 있는 일로 판단하고 있다.

CEIBS에는 학점과 관련 없는 언어과정이 개설되어 있어서 첫해에 무료로 수강할 수 있다. 고급 영어, 중급 중국어, 기초 스페인어, 기초 불어가 개설되어 있다.

6) 커리큘럼 (2005년)

기간		과목	학점
1차 연도	9월~12월 제1학기 기초기능과 기교	비즈니스습작과 강연기교	1
		재무회계	3
		통계학	3
		경제학	3
		조직행위학	3
		마케팅	3
	1월~4월 제2학기 기초기능과 종합	관리회계	3
		운영관리	3
		비즈니스재무	3
		회사지배와 비즈니스논리	3
		전략관리	3
	5월~8월 제3학기 실전응용과 전공방향	실무프로그램	5
		중국경제	2
		선택과목(2)	6
2차 연도	9월~12월 제4학기 전공방향과 국제교환	선택과목(4)	12
		국제교환 프로그램	12
	1월~2월 제5학기 종합	유럽연합 개황	2
		비즈니스 시뮬레이션	2
		선택과목(1)	3

선택과목은 3학기에서 5학기까지 듣는데, 전공방향에 따라 다음과 같은 과목이 개설되어 있다. 선택과목의 이수학점은 21학점이다.

전공	선택과목
금융재무	고급관리회계
	은행학
	은행실무 시뮬레이션
	신흥시장재무
	금융교역
	회계회색지대
	국제금융
	투자가치평가
	재무결정
마케팅	브랜드관리
	광고와 프로모션
	소비자행위학
	마케팅조사연구
	전자비즈니스
	도박론과 전략마케팅
기타	상법
	다국적 문화관리
	창업학
	글로벌창조관리
	인력자원관리
	거시경제
	관리결정학
	중국시장 속의 연맹관리
	생산관리
	신흥시장담판
	프로그램관리
	6시그마
	사회창업학
	아시아태평양전략
	지속발전전략
	공급선관리
	시스템설계분석

7) 교환학생 프로그램을 운영하는 국외 대학

	국가명	학교명
유럽	덴마크	Copenhagen Business School
	프랑스	E.M Lyon
		HEC School of Management
	독일	Otto Beisheim Graduate School of Management, WHU
	헝가리	Corvinus University of Budapest
	아일랜드	The Michael Smurfit Graduate School of Business, University College Dublin
	이탈리아	SDA Bocconi, Bocconi University School of Management
	네덜란드	Rotterdam School of Management, Erasmus Graduate School of Business
	노르웨이	Norwegian School of Economics and Business Administration
	폴란드	Warsaw School of Economics(SGH)
	스페인	ESADE
		IESE Business School, University of Navarra
		Instituto de Empraesa
	스위스	University of St. Gallen
	영국	Cranfield School of Management, Cranfield University
		Durham Business School, University of Durham
		London Business School, The University of London
		Manchester Business School, University of Manchester
		Warwick Business School, University of Warwick
북미	캐나다	McGill University
		Richard Ivey School of Business, The University of Western Ontario
		Rotman School of Management, University of Toronto
		Sauder School of Business, The University of British Columbia

	국가명	학교명
북미	캐나다	Schulich School of Business, York University
	미국	The Anderson School of Management, University of California Los Angeles
		Darden Graduate School of Business Administration, University of Virginia
		Edwin L.Cox School of Business, Southern Methodist University
		Fisher College of Business, The Ohio State University
		Fuqua School of Business, Duke University
		Goizueta Business School, Emory University
		Johnson Graduate School of Management, Cornell University
		Kelley School of Business, Indiana University
		Kenan–Flagler Business School, The University of North Carolina at Chapel Hill
		Leonard N.Stern School of Business, New York University
		McCombs School of Business, The University of Texas at Austin
기타	오스트레일리아	Melbourne Business School, The University of Melbourne
	중국	Hong Kong University of Science and Technology
	인도	Indian Institute of Management
	일본	International University of Japan
		Graduate School of Asia–Pacific Studies, Waseda University

2. 유학생에게 듣는다

이성규

1973년 생

서울대학교 공대 공학학사, 공학석사 (전공 : 자원공학)

LG엔지니어링 연구원 등으로 6년 근무

2002년 6월　　　　　CEIBS 입학

2003년 11월　　　　CEIBS 졸업

2003년 ~ 2005년　　상해 소재 Emerson Electric AP Headquarter

　　　　　　　　　　Sales Manager

현재　　　　　　　　LG마이크론 전략기획팀 마케팅 파트장

1) 지원 동기

MBA를 통해 내가 추구하고자 한 것은 커리어의 전환이었다. 엔지니어로 한평생을 살기에는 가슴 답답한 무언가가 있었고, 한 살이라도 젊었을 때 더 넓은 세상에서 뜻을 펼칠 수 있는 다른 일을 할 수 있는 계기를 만들어야 하는 게 아닐까 하는 생각이 들었다. 이를 실현할 수 있는 방법이 무엇일까에 대한 고민은 자연스럽게 MBA에 대한 모색으로 이어졌다.

CEIBS라는 존재는 나에게 우연히 다가왔다. 모두가 다 가는 길보다는 남들이 가지 않는 길을 찾고 싶었기에, MBA를 처음 떠올렸을 때부터 미

국 MBA는 가고 싶지 않았다. 유럽 경영대학원들의 홈페이지 이곳저곳을 헤매던 중 교환학교 리스트에서 우연히 CEIBS를 발견했고, 그날 이후로 CEIBS의 묘한 매력에 빠져 헤어나지 못했다.

"중국에서 MBA? 너 미쳤니?"라는 말을 수없이 들었음에도 CEIBS에 대한 나의 신념은 조금도 흔들리지 않았다. 다음과 같은 이유로 CEIBS의 장밋빛 미래를 확신할 수 있었으므로.

첫째, 21세기는 아시아의 세기, 특히 중국의 세기가 될 것이라는 믿음이 있었기 때문이다. 1996년에 처음으로 중국어 공부를 시작한 이래로 중국어에 대한 관심은 중국의 문화, 역사, 경제로 넓어져갔고, 이에 따라 중국의 경제적 성장에 대한 확신을 갖게 되었다. 성장이 있는 곳에 기회가 있음을 알았기에 남들보다 먼저 그 기회를 잡고 싶었다.

둘째, CEIBS가 상해에 자리 잡고 있다는 사실 때문이었다. 내가 CEIBS에 지원하기로 마음먹었을 때 이미 상해는 중국 경제성장의 모델로 개발되고 있었고, 세계 유수 다국적기업의 아시아태평양본부는 홍콩이나 싱가포르에서 상하이로 이전할 준비를 하고 있었다. 중국 경제성장의 중심에서 중국의 경제발전을 접할 수 있다는 점과 졸업 후 직장을 제공할 기업이 바로 옆에 있다는 점은 CEIBS의 크나큰 장점이었다.

셋째, CEIBS는 영어로 수업이 진행되는 국제적으로 인정받는 중국 본토 유일의 국제화된 경영대학원이기 때문이다. CEIBS는 EU와 상해시 정부 사이의 합작 비영리 교육기관으로, 교육프로그램은 미국이나 유럽식 프로그램이며 교수진도 대부분 미국이나 유럽 출신이다. CEIBS의 교육이념은 서구식 경영이론의 중국식 접목이니, 미국이나 유럽의 경영대학원에서 가르치는 이론을 배움과 동시에 중국식 비즈니스까지 배울 수 있으니 일석이조가 아닌가.

넷째, 중국 내에 인적 네트워크를 만들 수 있기 때문이다. 인맥의 중요성은 어느 사회에서나 무척 중요하다. 예전에 비하면 많이 희석되긴 했지만 '관시'라는 중국의 인맥은 중국 비즈니스에서 아직까지 그 중요성이 무척 크다고 할 수 있다. 중국 본토 최고의 경영대학원인 CEIBS는 그 명성에 걸맞게 중국 산업계를 이끌어갈 미래 비즈니스 리더들이 모이는 곳이고, 각 분야에서 맹위를 떨칠 이들과 네트워크를 맺을 중요성은 아무리 강조해도 지나치지 않으리라.

2) 학교생활 체험담

오랜만에 직장의 책상이 아닌 강의실 의자에 앉아 강의를 듣는 기분은 참으로 색달랐다. 아무 걱정 없이 수업을 듣고 토론을 하고 케이스를 읽고 보고서를 쓰고 프레젠테이션을 하고 중국어 수업을 들었다. 학교생활의 거의 모든 면이 마음에 들었다. 물론 첫 번째 모듈(2005년 전반기까지 CEIBS는 학기제가 아닌 한 달 반 길이의 모듈제였다. 2005년부터는 9월에 시작하는 학기제로 변경되었다)에는 미숙한 점이 많아서 다음날 새벽까지 그룹 스터디를 하고 프레젠테이션을 준비하며, 익숙하지 않은 과목의 수업을 따라가느라 정말 정신이 없었다.

CEIBS의 교과과정에 대한 느낌을 한마디로 집약한다면 기업의 중간 관리자를 양성하는 최적의 프로그램이라고 할 수 있을 듯하다. 짧은 시간에 기업경영에 필요한 모든 분야를 다루어 큰 그림을 그릴 수 있을 정도의 지식과 감을 얻을 수 있다. 케이스 토론 위주의 교과과정, 세 달간의 인턴, 두 달간의 그룹 컨설팅 프로젝트, 매주 기획되는 기업인 초청 세미나는 이러한 목적에 맞도록 무척 치밀하게 설계되어 있다.

경영 관련 지식과 감 외에 학교생활을 통해 얻은 것이 있다면 차이에 대한 이해와 수용능력이다. 다양한 문화와 배경을 지닌 동기들과의 생활은 사고의 유연성을 키우는 데 큰 기여를 했다고 생각한다. 내 동기 중 20여 명이 외국인이고 나머지 90여 명이 중국인이다. 중국인 동기들이 대체로 좀 경직된 사고를 지녔다면, 외국인 동기들은 자유롭고 개방적인 사고를 지녔다. 사고방식이나 문화적 배경이 다르다 보니 토론 도중에는 늘 의견 충돌이 발생했다. 정해진 시간에 정해진 과제를 끝내기 위해서는 서로의 차이를 이해하고 수용하는 자세가 무엇보다도 중요했다.

중국인 친구들의 한 가지 특성을 더 소개한다면 그들 대부분이 지독한 공부벌레들이라는 점이다. 재학 기간 동안 나는 학교 근처의 아파트에 살았는데, 베란다에서 밖을 내다보면 학교 건물이 정면으로 보였다. 가끔 밤늦게까지 깨어 있던 날 베란다를 통해 학교를 바라보면 대다수 강의실과 토론실에 불이 환하게 밝혀져 있었다. 동기들로부터 전해들은 바에 따르면, 새벽 두세 시까지 경쟁적인 학습열기가 계속된다고 했다. 상당한 학비를 투자한 만큼 그 투자비를 회수해야겠다는 생각을 했기 때문이리라.

3) 경력 관리

나는 엔지니어에서 경영 쪽으로 진로를 바꿀 목적으로 MBA를 선택했다. 하지만 계획한 진로 변경은 생각만큼 만만치는 않았다. 과정이 중반을 넘길 때까지 내가 어떤 분야에서 어떤 일을 하고 싶은지, 그 분야와 업무에서 나의 경쟁력은 어떠한지를 내 자신이 너무 모르고 있었다는 것이 무엇보다 큰 문제였다. 바야흐로 MBA 과정 중 그렇게 많이 듣고 스스로도 많이 말해왔던 시장분석과 핵심역량분석에 기초한 마케팅 전략 수립을 회사의 상품이 아닌 '나'라는 상품에 적용할 때가 온 것이었다.

수 주간의 모색과 자아성찰로 얻은 진로방향은 대단히 간명하다. 첫째, 한국인이라는 점과 중국에서 MBA를 했다는 점을 leverage하자. 둘째, 한국기업이 강점을 갖고 있는 산업 분야에서 일을 찾자. 셋째, 내가 가장 관심을 느끼며 가장 하고 싶은 업무인 마케팅이나 영업 분야의 일을 찾자. 넷째, 중국에서 경력을 쌓아 마케팅이나 영업 분야에서 경력이 없음을 상쇄하는 것 이상의 가치를 만들자.

이러한 가이드라인에 따라 최종적으로 찾은 일이 〈포춘〉 200대 기업인 에머슨 일렉트릭(Emerson Electric)의 상해 소재 아시아태평양본부의 세일즈 매니저였다. 이 일은 앞서 언급한 네 가지 가이드라인을 모두 만족시키는 일자리였다.

하지만 시간이 흐름에 따라 모든 사물의 효용가치가 변하듯 이 일의 효용가치도 감소하는 듯한 느낌이 들 때쯤 지금 근무 중인 회사로부터 일자리를 제안받았다. 많은 고민 끝에 한국으로 돌아가기로 결정했고, 현재는 이 회사의 전략기획팀에서 마케팅 담당 과장으로 근무하고 있다.

4) 중국 MBA의 진로방향

중국 MBA의 한국인 졸업생으로서 생각할 수 있는 진로방향은 다음과 같이 크게 네 가지가 있다고 본다.

1. 한국기업

한국으로 돌아가기

다음과 같은 이유로 가장 권하고 싶은 방향이다.

1) 한국기업의 중국법인에 중국 현지에서 취업하기는 거의 불가능하기 때문이다.

2) 중국 현지에서 취업에 성공하더라도 대우는 중국 현지인과 별 차이가 없이 낮기 때문이다.

3) 한국에도 글로벌기업으로 거듭나고 있는 전도유망한 기업이 많이 있기 때문이다. 비전 있는 한국기업에 들어가 그 기업을 다국적기업으로 만드는 데 인생을 걸어보는 것도 충분히 가치 있는 일이라 생각한다.

4) 한국본사에 가서도 중국과 직간접적으로 관련 있는 일을 할 기회가 얼마든지 있다고 보기 때문이다. 중국에서 공부한 사람을 회사에서 뽑았다면 이들을 대중국 사업이나 대중화권 사업에 투입하리라는 건 자명한 사실이다. 그런 일을 하다가 인정받으면 중국법인의 주재원으로 파견될 수도 있다.

5) '언제까지 중국일 것인가' 하는 의문 때문이다. 물론 개인적인 생각으로는 현 시점에서 MBA에 관심을 갖고 있는 사람들은 중국과 관련된 일을 하면서 평생 먹고 사는 데 지장이 없으리라 본다. 하지만 중국이 아무리 거대하다 해도 그보다 넓은 세상을 봐야 하지 않을

까 하는 게 내 개인적인 생각이다. 중국에서 시작해서 대중화권, 동남아, 인도 등으로 자신의 활동영역을 넓히는 것도 멋지지 않을까 하는 생각이 든다.

현지 취업

한마디로 말하면 거의 불가능하다. 이름 있는 대기업의 경우 거의 100% 불가능하다. 대기업의 현지법인은 현지인만 채용하기 때문이다. 물론 아주 특별한 경우가 있긴 하지만 중국에서 취득한 MBA가 특별함을 가져다줄 만큼 그리 특별하다고 보진 않는다. 중국전문가를 자처하는 사람들이 천지 가득한 상황에서 중국에서 취득한 MBA의 값어치가 정말 크다는 생각은 들지 않는다.

그래도 이 기회를 잡아야겠다면 미리미리 네트워크를 만들어야 한다. 한국상회도 좋고, KOTRA도 좋고, 각 대학 동문회도 좋고, 어떤 끈이든 잡아서 MBA 과정 중에 기회를 찾아야 한다. 그리고 상해에는 '다모트'라는 한국인 헤드헌팅업체가 있는데, 아직 헤드헌팅 수준에는 미치지 못하지만 앞으로는 나아지리라 예상하므로 활용할 수도 있을 것이다.

2. 다국적기업

현지 취업이 가능한 방법이지만 정말 틈새시장이다. 내 경우가 틈새시장 공략에 성공한 케이스다. 중국에서 비즈니스를 하는 한국기업이 워낙 많다 보니 이들 한국기업을 대상으로 비즈니스를 하는 다국적기업이 많이 있다. 내가 알고 있는 분야는 공장자동화, 컴퓨터, 화학, 전자, 반도체, 자동차, 컨설팅 정도이다. 이들 기업에서 찾을 수 있는 기회는 대부분(아니 전부라고 봐도 좋겠다) 영업이다. 물론 마케팅이나 Product Management처럼 이름을 그럴듯하게 만든 것도 있지만 속을 들여다보면 모두 영업 관련 일이다. 현지 취업을 원하는 사람들 중 해당 산업분야의 지식이나 경험이 있는 사람들은 과감히 도전해볼 만하다.

단점이라고 한다면 틈새시장은 틈새시장일 뿐이라는 점이다. 틈새시장이 커져서 주류시장이 되어야 그 시장을 공략하는 사람도 같이 성장할 수 있는데 이 틈새시장은 주류시장이 될 가능성이 거의 없다는 게 내 개인적인 생각이다. 틈새시장에서 잘만 하면 주류시장을 관리하는 인재로 클 수 있는 가능성이 있겠지만 그 가능성이 얼마나 될지에 대해서는 회의적이다.

이 틈새시장을 공략하기 원하는 사람들은 중국 내 헤드헌팅업체를 잘 활용해야 한다. 중국인 동기들에게 헤드헌터 정보를 구해서 이력서를 보내고 만나보는 등 미리미리 준비해야 한다. 기회는 언제 어디에서 어떻게 올지 모르니까.

3. 중국기업

중국기업의 글로벌화가 급격히 진행되는 현재 상황에서 보면 점점 더 많은 가능성이 열릴 듯하다.

4. 개인 사업

좋은 비즈니스 플랜이 있다면 이것이 가장 훌륭한 방법이 아닐까 싶다. 내 동기 중에 멕시코에서 온 친구가 있는데, 이 친구는 졸업하기 전에 이미 사업을 시작하여 지금은 세 개의 도시에 사무실을 열었다. 하지만 수십만 명의 한국인들이 이미 한국과 중국 사이에서 사업을 하고 있다는 사실을 고려하면 이 길 또한 쉽지만은 않을 듯하다.

5) 후배들에게 해주고 싶은 말

수많은 사람들이 수많은 경로를 통해 말해왔듯, 중국은 기회의 땅이다. 하지만 여기에 한 가지 조건을 달아야 한다. 중국은 '큰 리스크를 가진 기회의 땅'이라고. 특히 중국에서 MBA를 하고자 하는 사람들에게 이 리스크는 극복하기 쉽지 않은 도전이다. 첫째, 중국은 이미 기회를 잡고자 하는 사람들로 넘쳐나고 있기 때문이다. 미국, 유럽, 일본의 경기침체와는 반대로 '나 홀로 고도성장'을 구가하고 있는 중국에는 이미 그 기회를 보고 몰려드는 사람들로 인력시장이 넘쳐나고 있다. 그만큼 MBA 후 현지취업을 원한다면 치열한 경쟁을 뚫어야 한다. 둘째, 한국에는, 혹은 중국 내의 한국인 사회에는 중국전문가를 자처하는 사람들이 넘쳐나고 있기 때문이다. 이들이 실제로 중국에서의 실무경험과 지식과 네트워크를 갖추고 있다고 판단하기에는 의문이 들지만, 어쨌든 중국전문가를 꿈꾸고 중국 MBA를 얻고자 하는 사람들과는 경쟁관계에 있다고 할 수 있다.

이 모든 난관을 극복하고 인정받는 중국전문가가 되고자 하는 자, 중국과 선진국 사이에서 샌드위치가 될 한국 경제의 미래에 한 줄기 희망의 빛이 되고자 하는 사람이라면 중국 MBA에 도전하라고 권하고 싶다.

지금까지 중국 MBA에 지원하고자 하는 많은 사람들에게 다양한 경로를 통해 많은 조언을 해왔다. 본인이 프리챌에 개설하여 운영중인 CEIBS 커뮤니티에도 이러한 내용의 일부를 올려놓았다. 관심 있는 사람들은 www.freechal.com/ceibs를 방문하여 CEIBS를 비롯한 중국 MBA에 대한 정보와 의견들을 읽어보기 바란다.

北大國際MBA

Beijing International MBA

북경대 중국경제연구센터와 미국 대학들이 합작한 MBA
〈FORTUNE〉 중문판 선정 중국 MBA 1위

BiMBA
북대국제MBA

www.bimba.edu.cn

at Peking University

북대국제MBA (BiMBA)

구분	내용
MBA 설립연도	1998년
소재지	북경
과정의 종류와 기간	· FULL-TIME MBA : 18개월 · PART-TIME MBA : 26개월
사용 언어	영어
교수진	12명 + 교환교수, 방문교수
교수진 중 박사학위 소지자 비율	100%
〈FORTUNE〉 중문판 선정 중국 MBA 순위	2005년 1위
〈경리인(經理人)〉 선정 2004년 중국 MBA 순위	심사에서 전문 MBA 과정 제외로 순위에 없음
외국인 지원 자격	· 학사학위 이상 소지자 · 2년 이상의 경력 · GMAT 600점 이상
지원 서류	· 영문 신청서 · 중문, 영문 이력서 각 1부 · 영문 에세이 1편 · 학위, 졸업증명서 복사본 · 성적증명서 · 2~3부의 추천서 · GMAT 600점 이상 성적 증명
입학생 GMAT 성적 평균	640점
전형 일정	· 신청 마감 매년 5월 31일 · 자격 심사 후 영어 면접 · 면접 후 합격자 통보
학비 총액	· FULL-TIME : 120,000위엔 · PART-TIME : 150,000위엔
졸업생 수	약 800여 명
재학생 수	매년 130여 명 모집
이수 학점	학점제 아닌 모듈제
유학생 비율	10% 내외
졸업 후 취업률	100%에 가까움
졸업 후 연봉	평균 200,000위엔 내외

1. 학교 소개 및 지원 방법

북대국제MBA(北大國際MBA, 이하 BiMBA)는 2005년에 〈포춘〉지 중문판에 의해 높은 시장가치를 지닌 중국 MBA 1위에 오른 떠오르는 MBA다. 역시 〈포춘〉지 중문판에 따르면 졸업생 연봉에서도 1위를 차지했다. 이외에도 많은 매체에서 BiMBA를 중국에서 가장 유망한 MBA로 꼽고 있다.

BiMBA는 1998년 4월에 설립되었으며, 1998년 6월 29일에 처음으로 학생 60명을 입학시켰으므로 역사는 비교적 짧다.

BiMBA는 소수정예의 MBA 과정으로, 졸업과 동시에 미국 포드햄대학의 학위를 받는다는 점이 특색이다(BiMBA의 학위는 따로 없다). 재무,

BiMBA 강의동

회계 분야에 강점을 가지고 있으며, 그 분야의 교수들은 세계적인 명성을 지니고 있다. 또한 기업인들로 구성된 이사회는 MBA 과정에 많은 도움과 조언을 주며 취업에까지 영향을 미치고 있다. BiMBA는 다국적기업에서 가장 선호하는 MBA로, 대부분의 학생들이 다국적기업으로 진출하고 있다.

북경대학 광화관리학원 MBA와 BiMBA

북경대학 광화관리학원 MBA와 BiMBA는 북경대학 안의 같은 캠퍼스에 자리 잡고 있지만 다른 학교이다. 둘 다 북경대학 산하의 MBA 과정이지만, 제휴를 맺은 기관도 다르고 관리도 완전히 분리되어 있다. BiMBA는 북경대학 안에 있는 저명한 경제정책조사기관인 중국경제연구센터(CCER, CHINA CENTER FOR ECONOMIC RESEARCH)가 미국 대학들과 제휴를 맺고 MBA 프로그램을 운영하고 있다. 포드햄대학을 비롯한 미국의 26개 유태계 대학들이 컨소시엄을 구성하여 BiMBA와 합작 프로그램을 진행하고 있다. 한편, 북경대학 광화관리학원은 북경대학에 속한 관리학원으로, 북경대학에서 직접 관리한다. 북경에서 MBA에 지원할 때는 이 부분을 염두에 두고 BiMBA와 북경대학 광화관리학원 MBA를 잘 구분해야 한다.

1) 학제

FULL-TIME MBA : 18개월. 통상적으로 매학기는 10주로 구성된다.
PART-TIME MBA : 26개월. 매주 토요일과 일요일에 수업을 받는다.

학점을 모두 이수하면 미국 포드햄대학 MBA 학위증서를 취득하게
되며(EMBA의 경우에는 북경대학 학위를 수여함), 동시에 미국 교육연맹의
20개 상학원 원장들이 모두 서명하고 북경대학 중국경제연구센터
(CCER) 주임이 서명한 졸업증서를 받게 된다.

2) 학생 현황

2004년까지 졸업생은 약 800여 명으로, FULL-TIME MBA의 경우 매
년 50명의 학생을 모집하고, PART-TIME MBA의 경우 매년 80명 정도
의 학생을 모집한다.

3) 교수 현황

교수의 70~80%가 외국인 교수로 구성되어 있다. FULL-TIME MBA
의 전임교수는 12명으로 소수이지만, CCER의 교수들과 포드햄대학 등
컨소시엄의 교수들이 교환교수나 방문교수로 직접 BiMBA에 와서 학생
들을 가르친다는 점이 이 학교의 특색이자 장점이다.

4) 총학비 (유학생과 중국인 동일)

FULL-TIME MBA : 120,000위엔(USD15,000)

PART-TIME MBA : 150,000위엔(USD18,000)

5) 지원 방법

지원 자격

1) 학사학위 이상 소지자

2) 2년 이상의 직장경력

3) 중시하는 부분 : 신청인의 기업경영관리 참여, 교육 배경, 발전 잠재력, 자신의 미래 직업발전에 대한 계획, 교류와 커뮤니케이션 능력, 직업도덕관 등

지원 서류

1) 영문 신청서

2) 중문 · 영문 이력서 각 1부

3) 영문 에세이 1편

4) 대학 졸업증명서

5) 대학 성적증명서

6) 추천서 2~3부

7) GMAT 600점 이상의 성적 증명

지원 절차

1) 매년 5월 31일 전에 모든 신청서와 서류 제출 완료

2) 자격 심사

3) 영어 면접

4) 입학 결정

어학 요구사항

영어

GMAT 성적은 600점 이상이어야 하며, 매년 입학생의 평균 점수는 640점 정도로 알려져 있다. 수업이 모두 영어로 진행되기 때문에 읽고, 쓰고, 말하고, 듣는 전 과정의 영어 또한 일정 수준이 되어야 한다.

중국어

학교에서 중국어실력이나 HSK 성적을 요구하지는 않는다. 그래도 미래의 사회생활을 감안한다면 중국어실력은 필수다.

6) 커리큘럼

구분	과목
기초과목	비즈니스영어
	비즈니스수학
	비즈니스통계
	관리경제학
	회계학기초
필수과목	회사금융
	관리학기초와 조직행위학
	비즈니스커뮤니케이션
	인력자원관리
	운영관리
	마케팅관리
	법률과 논리제도 비교
	기업발전
	창조와 변혁
	중국경제발전
	고급재무
	담판
	관리회계학
	관리정보시스템
	국제무역과 금융
	글로벌정책과 전략

전공 분야별 선택과목

전공 분야	과목
종합관리	관리결정과 분석 실무
	국제테마 합작프로그램
	중국비즈니스제도
	리더십
금융재무	국제금융관리
	실용금융과 재무관리
	금융학테마

BiMBA 정문

기타 주요 MBA

장강상학원
중국인민대학 MBA
대외경제무역대학 MBA
중산대학 MBA
남경대학 MBA
절강대학 MBA

장강상학원

(長江商學院, Cheung Kong Graduate School of Business, CKGSB)

www.ckgsb.edu.cn

아시아 최고 갑부 리자청이 설립한 MBA

중국 최고를 향한 집념이 엿보이는 중국 MBA의 다크호스

- 설립연도 : 2002년 1월 (2003년 11월 강의 시작)
- 소재지 : 상해
- 학제 : FULL-TIME MBA : 17개월 (1년간은 수업, 5개월간은 논문)
- 언어 : 1) FULL-TIME MBA : 영어

    2) EMBA : 중국어
- 수업장소 : 1) FULL-TIME MBA : 상해 (북경캠퍼스가 완공되면 향후 상

    해와 북경에서 동시에 FULL-TIME MBA 과정이 가능해진다.)

    2) EMBA : 북경
- 교수진 : 상주교수 15명, 교환교수 및 방문교수 매년 30명 정도
- 학생 현황 : MBA는 1년에 50명을 모집하며, 현 재학생은 약 100명

    정도. 졸업생은 50명.
- 총학비 : FULL-TIME MBA USD26,000 (중국 학생과 유학생 동일)
- 랭킹 : 신생 학교로, 아직 없음

• 특징 : 재학생의 GMAT 평균성적이 690점(RANGE 640~740)으로 중국 최고 수준.

• 최근 소식 : 2005학년도 학비가 전년도보다 49% 인상된 220,000위엔 (USD26,000)으로 책정되어 거품 논란을 일으켰다. 그러나 그만큼 MBA 과정의 수준과 학교의 전폭적인 지지를 자신하는 대목이기도 하다.

장강상학원은 2002년 1월에 설립된 학교로, 역사는 짧다. 그러나 이 학교가 주목받는 이유는 아시아 최고 갑부이자 세계적인 거부이며 상신 (商神)이라 불리는 홍콩의 리자청(李嘉城)이 설립자이기 때문이다. 막대 한 부와 유관기업의 전폭적인 지원으로 관심을 끌면서 향후 중국 MBA 중에서 가장 주목받는 곳으로 발전할 것으로 예상되고 있다.

장강상학원 정문의 현판

MBA 과정에는 100여 명의 학생들이 재학 중이나, EMBA 과정과 EDP 과정이 개설되어 있어 2005년 5월을 기준으로 세 과정을 모두 합하면 640여 명의 학생들이 공부를 하고 있다. 위에서 말한 것처럼 MBA 과정 졸업생은 현재 50명이다. 기숙사가 호텔식 아파트로 되어 있고 매우 쾌적하나 기숙사비는 매우 저렴하여 학생들에게 호응이 좋다.

장강상학원은 1년 동안만 수업을 하고 나머지 5개월은 수업 없이 논문만 작성하기 때문에 과정이 매우 어려운 것으로 알려지고 있다. 스파르타 중의 스파르타식 과정으로, 학생들이 매우 힘들어하기도 한다. 대부분의 수업이 실습과 토론으로 이루어지며, 영어로 된 원서를 거의 매일 한 권씩 독파해야 하는 등 우리 학생들이 적응하기에는 많은 노력과 시간이 필요하다. 한 학생은 "매우 험난한 고난의 길"이라고 이 과정을 표현하기도 한다.

간단하게 소개했지만, 장강상학원은 향후 중국에서 매우 중요한 자리

장강상학원 건물

를 차지할 MBA 과정임에 틀림없다. 우수한 면학환경과 세계적인 기업과 기업인이 투자했다는 배경으로 인해, 그리고 실제로도 그 기업으로부터 많은 지원을 받고 있으므로 앞으로 매우 빠르게 성장할 것으로 예상된다. 또한 외국 학생들에 대한 문호개방을 천명하고 있으므로 향후 우리 학생들의 많은 관심이 필요한 학교라고 평할 수 있다.

커리큘럼

정규과정

Period 1	Period 2	Period 3	Period 4	Period 5	Period 6
Business Fundamentals		Core Functionals & Functional electives		Advance Business Competency & China Knowledge	
Financial Accounting	Financial Management	Corporate Finance	Investment Banking (elec.)	Strategic Management	Chinese Economy
Managerial Economics	Managerial Accounting	Macroeconomics & Public Policy	Valuation (elec.)	Business Simulation	Strategy for Winning in China (elec.)
Organizational Behavior	Marketing Management	Human Resources Management	Marketing Research (elec.)	Business Negotiation (elec.)	Business Law–China Perspective (elec.)
Statistics for Decision-making	Business Ethics	Operations Management	Brand Management (elec.)	Database Marketing (elec.)	Asian Wisdom in Business (elec.)
		IT & e-commerce	Pricing Strategy (elec.)	Mergers & Acquisitions (elec.)	Asian Cases in Corporate Finance (elec.)
					China Going International (elec.)

선택과정

Courses	과목	Courses	과목
Finance Area	Valuation	International Business & Management	Leadership in Behavioral Lab Training
	Investment Banking		Business Negotiation
	Cases in Corporate Finance		Cross Culture Management
	Advanced Corporate Finance	China Knowledge	Strategy for Winning in China
Marketing Area	Pricing Strategy		Asian Wisdom in Business
	Marketing Research		Business Law China Perspective
	Brand Management		Asian Cases in Corporate Finance
	Database Marketing		China Goes International

아시아 최고의 부자 리자청

"홍콩에서 1달러를 쓰면 50센트는 리자청의 주머니로."

돈벌이에 있어서 홍콩에서, 나아가 아시아에서 최고라는 사람이 바로 리자청이다. 그는 주력기업 허치슨왐포아를 비롯해 창장실업, 창장개발, 홍콩텔레콤, 홍콩전력 등 460여 개의 기업체를 거느리고 개인 재산 124억 달러를 가진 아시아 최고의 갑부다.

부자라면 의혹의 눈초리를 받기 마련인 우리의 현실에 비추어보면 '차오런(超人)'이나 '샹션(商神)'이라는 수식어로 그를 존경하는 중국인들이 신기하기도 하다. 도대체 그에게 어떤 매력이 있어서일까?

첫째, 리자청은 아무리 이익이 크더라도 사회와 국가에 해를 끼치는 사업은 하지 않았다. 수많은 회사를 사들이거나 투자하는 과정에서 단 한 번도 막강한 자본력을 내세워 강제하거나 반칙을 범하지 않았다. 모든 과정을 우호적인 타협을 통해 진행했다. 그리고 한 번 맺은 약속은 어김없이 지켰다.

둘째, 리자청은 굽힐 줄 모르는 도전정신으로 온갖 고난을 극복해왔다. 그의 일생은 도전의 연속이었다. 소년기에 아버지를 여의고 중학교를 1학년에 중퇴한 후 찻집 종업원과 시곗줄·허리띠 행상 등에서 시작하여 갖은 시련과 어려움을 딛고 자산규모 600억 달러에 달하는 세계적 기업 군단의 총수로 발돋움해 '차이니즈 드림'을 일궈냈다.

셋째, 리자청은 자신이 번 돈을 어려운 이웃과 사회로 환원했다. 예를 들어 1980년에는 교육의료학술 지원을 목표로 '리자청 기금회(基金會)'를 설립하여 지금까지 78억 홍콩달러(약 1조 원)를 쏟아 부었다. 이를 통해 그는 고향인 차오저우(潮州) 부근 산터우(汕頭)대학에 20억 홍콩달러(약 3천억 원)를 기부해 중국 남부의 간판 대학으로 키웠다. 또 시각장애인, 농아, 빈곤 소년소녀가장, 재해민 등을 돕는 데 매년 수억 달러를 쾌척하고 있다. 더욱이 그는 병원, 농촌, 학교 등을 찾아가 기금이 제대로 쓰이고 있는지, 지원받는 주민들의 불편함이나 개선점은 없는지 일일이 확인하는 정성을 쏟고 있다.

중국인민대학 MBA

中國人民大學 商學院

Renmin University of China, School of Business

www.rbs.org.cn

중국에서 상경계열 1위의 대학이 운영하는 MBA

- 설립연도 : 1991년
- 소재지 : 북경
- 학제 : 1) FULL-TIME MBA : 2년

    2) PART-TIME MBA, 집중 MBA반 : 2~3년
- 언어 : 중국어
- 교수진 : 상학원 전체 교수진 122명 (그 중 교수 41명, 부교수 45명)
- 학생 현황 : 일 년에 두 번 모집하며, 2004년에는 봄에 120명, 가을
    에 350명을 모집했다. FULL-TIME MBA 학생 모집 인
    원은 연간 200명을 넘지 않는다.
- 총학비 : 1) FULL-TIME MBA : 66,000위엔 (약 USD8,000)

    2) PART-TIME MBA : 60,000위엔 (약 USD7,300)

    3) 집중 MBA반 : 학제에 따라 60,000~66,000위엔
- 랭킹 : 2004년 〈경리인〉 선정 중국 MBA 6위

• 특징 : 중국인민대학은 중국에서 상경계열 1위의 대학으로 중국에
서도 명문대학에 속한다. 경제 분야의 우수성에 힘입어 MBA
과정의 육성에 힘쓰고 있다.

중국인민대학은 중국에서는 명문대학으로 MBA 과정 또한 매년 상위
권에 랭크되는 우수한 학교다. 북경에 위치해 있어 중국 수도로의 유학
욕구를 채워줄 수 있고 중국의 역사와 문화를 가까이에서 느낄 수 있기
도 하여 매우 매력적인 학교로 평가된다.

MBA 과정은 1991년에 설립되어 1993년에 첫 졸업생을 배출했다. 지
금까지 2,200여 명의 학생들이 인민대학 MBA 과정을 졸업했으며, 현재
는 1,000여 명의 학생들이 재학 중이다.

대외경제무역대학 MBA

對外經濟貿易大學 國際工商管理學院

University of International Business and Economics

www.uibe.edu.cn

중국 최초로 경영학 과목을 개설한 대학에서 운영하는 MBA

- 설립연도 : 1994년
- 소재지 : 북경
- 학제 : 1) FULL-TIME MBA : 2년
  2) PART-TIME MBA : 3년
- 언어 : 영어반, 중국어반
- 교수진 : 55명 (교수 27명, 부교수 22명)
- 학생 현황 : 매년 150명에서 200명의 FULL-TIME MBA반 학생을
  모집하고 있다.
- 총학비 : 50,000위엔 (약 USD6,000)
- 랭킹 : 2004년 〈경리인〉 선정 중국 MBA 7위, 2003년 2월 〈포춘〉
  중문판 선정 8위

• 특징 : 미국의 ROBERT H.SMITH SCHOOL OF BUSINESS, 프랑스의 IFCM 상학원과 합작프로그램을 운영하고 있으며, 중국의 자랑인 하이얼(HAIER)그룹의 위탁 교육을 맡는 하이얼 상학원을 운영하고 있기도 하다.

각종 매체와 세계적인 잡지들이 발표하는 중국 MBA 순위에서 항상 7~9위 사이를 오가는 학교로, 중국에서는 명문 MBA로 꼽히는 우수한 학교이다. 모체인 대외경제무역대학 자체가 경제 분야에서 뛰어난 업적을 이뤄왔으며, 뛰어난 교수진을 보유하고 있고, 중국의 인재들을 많이 배출한 학교로 정평이 나 있다.

55명의 교수들은 대부분 외국에서 유학을 했으며, 국외의 많은 관리학원들과 교류를 하고 있다.

대학 자체에서 더욱 발전하는 MBA를 만들기 위해 적극적으로 투자와 지원을 아끼지 않고 있기 때문에 날이 갈수록 발전의 속도를 높일 것으로 보고 있다.

중산대학 MBA

中山大學 管理學院

Sun Yat-Sen University, School of Management

www.sysu.edu.cn

중국 남부지역 최고 명문대학에서 운영하는 MBA

- 설립연도 : 관리학원은 1985년에 설립되었고, MBA 과정은 1991년 이후에 개설되었다. (정확한 자료 없음)
- 소재지 : 광동성 광주
- 학제 : 1) IMBA, FULL-TIME MBA : 2년
  2) PART-TIME MBA : 3년
- 언어 : 중국어, 영어 혼합
- 교수진 : 96명의 교수 중 정교수 32명, 부교수 41명
- 학생 현황 : MBA와 IMBA, EMBA에서 1,000여 명의 학생들이 재학 중이다. 매년 IMBA에서 50명, PART-TIME MBA에서 130여 명을 모집하고 있다.
- 총학비 : 2년 FULL-TIME MBA의 경우 78,000위엔(약 USD9,400)
- 랭킹 : 2004년 〈경리인〉 선정 중국 MBA 5위
- 특징 : 주강삼각주라는 중국의 중요한 경제권역 중에서도 제일 중요

한 광동성 성도(省都) 광주(광저우)에 위치한 대학으로, 홍콩과 마카오를 아우르는 중국 남부지역의 경제를 이끌어갈 인재를 키우고 있는 중국의 명문대학이다.

중산대학은 80년의 역사를 지닌 중국 남부지역의 최고 명문대학으로, 광동성의 성도인 광주에 자리 잡고 있다.

중산대학 관리학원은 1985년에 설립되었으며, 중국에서 가장 먼저 공상관리 교육과 연구를 전문적으로 하기 시작한 교육기관의 하나다. 대외적인 평가와 국무원 교육부 등의 평가에서 1위를 차지하기도 했으며, 중국 내 10위권 안의 명문 MBA로 각광을 받고 있다.

대부분의 중국 명문 MBA들이 수도인 북경과 경제 중심지인 상해에 위치해 있으나, 중산대학 MBA는 중국 유수의 명문 MBA 중 유일하게 남부지역인 광동성에 자리 잡고 있다. 광동성과 광주, 그리고 그 주변의 주강삼각지는 중국에서 경제적 · 지리적 관점에서 매우 중요한 지역으로, 홍콩과 마카오를 잇는 매우 중요한 경제의 중심지다.

대부분의 우리 유학생들이 북경과 상해, 그리고 그 주변지역을 선호하고 있지만, 중국의 지역별 전문가가 필요해지는 이 시점에서 한국 학생이 거의 전무한 이 지역의 중산대학을 선택하는 것은 어떨까? 그것이 모험일지는 모르지만 남부지역을 거점으로 발전을 모색하는 기업이나 개인에게는 큰 의미가 있을 것으로 필자는 생각한다.

남경대학 MBA

南京大學 中荷國際工商管理敎育中心

Nanjing University, School of International Business

www.nju.edu.cn

남경대학과 네덜란드 정부가 공동으로 설립한 MBA

- 설립연도 : 2000년
- 소재지 : 강소성 남경
- 학제 : FULL-TIME MBA는 개설되어 있지 않고, PART-TIME 집중
  수업방식을 택하고 있다. 수업기간은 2년으로, 그 중 18개월
  은 수업에, 6개월은 논문에 할애한다.
- 언어 : 네덜란드 교수는 영어로, 중국 교수는 중국어로 강의한다.
- 교수진 : 네덜란드 교수 12명, 중국 교수 9명
- 학생 현황 : 현재 130여 명의 학생이 IMBA에 재학 중이다.
  매년 IMBA 50명, EMBA 50명의 학생을 선발한다.
- 총학비 : IMBA 80,000위엔(약 USD10,000), EMBA 140,000위엔
- 랭킹 : 2004년 〈경리인〉 선정 중국 MBA 11위
- 특징 : 남경대학은 중국 대학 랭킹 5위의 명문이며, 남경대학 MBA
  는 네덜란드 정부가 투자한 MBA 과정이다. 의학 분야의 특
  수 MBA 과정을 갖고 있기도 하다.

남경은 중국 강소성의 성도로서 그 가치가 매우 높은 도시이다. 다른 성에서 이주해 온 사람들이 대부분으로, 본지인들이 적어 타지인들에 대한 배타적 특성 없이 사람들끼리 융화가 잘되는 도시이며, 그래서인지 외지인이나 외국인들에 대한 편견이 적고 안정된 도시이다. LG그룹을 비롯한 많은 한국기업들이 진출해 있는 도시이기도 하다.

남경대학은 중국 강소성에서 가장 우수한 대학이며, 중국 전체에서도 5위에 오른 명문대학이다. 중국 장강(長江)지역의 중요성이야 모두가 아는 사실이고, 남경 부근 도시에는 다국적기업들이 많이 진출해 있는데, 그런 사실도 남경대학 MBA의 매력이다.

남경대학 MBA는 1998년에 네덜란드 정부가 2천만 위엔을 지원하면서 2000년에 남경대학 中荷국제공상관리센터로 설립되었다.

남경대학 MBA는 중국에서 유일하게 의학 분야의 MBA 과정을 개설하고 있어 이 부문에서는 선구자적 역할을 하고 있다. 그리고 FULL-TIME MBA가 개설되어 있지 않다는 점도 특이한 점이다.

절강대학 MBA

浙江大學 MBA教育中心

Zhejiang University, MBA Education Center

www.sba.zju.edu.cn

100년의 역사를 지닌 명문대학에서 운영하는 MBA

- 설립연도 : 1994년
- 소재지 : 절강성 항주
- 학제 : 2년 6개월
- 언어 : 중국어
- 교수진 : 84명
- 학생 현황 : 재학생 1,114명, 졸업생 784명
- 랭킹 : 2004년 〈경리인〉 선정 중국 MBA 8위
- 특징 : 100년의 역사를 가진 중국의 명문대학인 절강대학은 우수한 인재를 많이 배출해온 대학이다. 매우 엄격한 관리로 정평이 나 있으며, 향후 잠재력이 매우 높은 MBA라는 사실에 의심 이 가지 않는 곳이다.

절강대학은 100여 년의 긴 역사를 지니고 있으며 중국에서도 최고의 명문대학 중의 하나로 꼽히고 있으며, 중국 정부가 지정한 전국 중점관리대학(중요대학) 중 하나다. 중국의 영도자들을 비롯한 우수한 인재들을 많이 길러낸 역사 깊은 대학이다.

절강대학 MBA는 이런 배경 속에 1994년에 처음으로 학생들을 모집하기 시작했으며, 2003년 4월까지 1,898명의 학생을 입학시켰다. 현재까지 784명이 졸업을 했으며, 재학생은 1,114명으로 알려지고 있다.

중국 내에서 10위권 안에 드는 명문 MBA로 자리 잡아가고 있으며, 21세기가 원하는 경제 엘리트의 배출을 기치로 삼고 있다.

절강대학은 상해와 인접한 중요한 성인 절강성의 성도 항주에 위치해 있는데, 항주는 풍광이 빼어나 많은 시인과 인재들을 배출한 도시이기도 하다. 절강성은 중국에서 가장 먼저 개인사업자를 허가한 도시인 온주를 배경으로 많은 제조업과 상인들을 배출한 경제의 중심지이기도 하다. 절강성에는 부자들이 많기로 유명하며, 온주상인은 유태인에 비유되기도 할 만큼 뛰어난 상술을 갖고 있다. 이곳 출신의 경제인들은 중국 각 지역의 부동산, 주식, 골동품시장에서 큰 영향력을 행사하기도 한다.

이런 배경을 지닌 절강대학 MBA는 화동지역을 공략하는 우리 기업들이 가벼이 여길 수 없는 중요한 인맥의 산실이 될 수 있다는 사실을 기억하자.

중국 MBA의 虛

중국은 다당제이기는 하지만 절대권력이 공산당에 있다 해도 과언이 아니다. 그래서 법치보다는 인치라는 말이 나오는 것인데, 이 말은 중국에서 생활하고 비즈니스를 해보지 않은 사람은 절대 이해하지 못한다.

이런 상황에서 우리는 한국인들끼리 어울리며 서로를 위로하고 타향살이에 대한 향수를 달래왔다. 그러나 이런 '끼리끼리 문화'는 중국에서 비즈니스를 하는 데 전혀 도움이 되지 않는다. 서로 의지하는 것이야 외국생활에서 당연한 일이다. 그러나 큰 일이 닥치거나 중요한 프로젝트를 진행시킬 때면 중국에서 우리의 관시가 너무 얇기만 하다는 것을 깨닫게 된다.

필자는 지난 16년간 대만과 중국 상해에 살면서 느낀 한계를 극복해야겠다는 생각과 중국 진출 후배들은 좀더 나은 환경에서 비즈니스를 할 수 있어야 한다는 생각에서 이 책을 쓰게 되었다. 중국에서 아무리 오래 살아도 중국인들과 관시를 맺기란 쉽지 않다. 그래서 짧은 시간 안에 효과적인 관시를 맺을 수 있다는 점 때문에 필자는 중국의 MBA와 EMBA를 추천하는 것이다. 그러나 여기에도 함정은 분명히 있다.

우선 미국이나 유럽의 MBA 과정도 이미 포화상태를 넘어 명문 MBA 출신이 아니고는 직장을 마음대로 고를 수 없게 되었고, 앞으로는 직장을 구하는 것 자체가 어려워질 수도 있다. 다행히 지금 중국은 한참 발전하고 있고 그 위상이 날로 커지고 있기 때문에 중국에서 MBA 유학을 하는 데는 별다른 문제가 없어 보이기는 하지만 역시 앞날을 잘 계획하고 치밀한 작전을 세워야 할 것이다. 그렇지 않으면 중국의 MBA도 결코 당신에게 장밋빛 미래만을 선사하지는 않을 것임을 명심해야 한다.

학교를 선택할 때는 어렵더라도 중국과 한국에서 인정하는 학교를 골라야 함은 말할 필요도 없고, 미래의 가치와 학생들의 면면을 살피는 것도 게을리 해서는 절대 안 될 것이다. 학교를 정하여 입학한 후에는 모든 힘을 다해 공부를 하고, 교환학생 제도도 잘 활용하는 등 일련의 학교생활을 모범적으로 마쳐야 할 것이다. 이런 노력을 게을리 한다면 중국의 MBA에서 절대로 성공할 수 없다.

그리고 중국과 관련 있는 기업들은 현재 중국의 MBA에서 공부하고 있는 학생들에게 지대한 관심을 가져야 할 것이다. 3개 국어 실력을 갖추고 있고, 풍부한 경제지식과 관리능력을 갖추고 있으며, 미래의 중국경제를 이끌어갈 중국의 인재들과 인맥을 쌓은 우리의 인재들을 우리가 보호하고 등용하지 않으면 안 된다.

중국은 경제 발전 속도만큼 MBA의 숫자도 함께 늘고 있다. 10여 년 남짓한 중국 MBA 역사에서 이미 100개 가까운 관리학원에 MBA가 설립되었다. 그러나 중국 MBA들은 일부 학교를 제외하고는 아직 그 수준에 문제가 있는 것으로 조사 · 보고되고 있다.

지금 중국에서 MBA를 계획하고 있는 많은 학생들은 이런 점을 감안해서 최고의 MBA를 고집하는 지혜가 필요할 것이다. 비싼 학비와 귀한 시간을 투자한다는 점을 감안한다면 그 고집은 일리 있는 고집이 될 것이다.

중국은 많은 것들이 아직 베일에 가려져 있다. 부디 선배들의 조언과 충고에 귀 기울이고, 중국에 가기만 하면 금방 무엇이든 될 거라 생각하며 서두르지 말자. 중국은 그리 빨리 뭔가가 되는 곳도 아니고 신천지도 아니라는 사실을 반드시 명심해야 한다.

이제는 중국 MBA로 눈을 돌려라

15년 전, 대만으로 유학을 떠나는 필자의 앞날을 걱정하던 친구들은 지금 모두 필자를 부러워하고 자랑스러워한다. 필자를 포함하여 대만에서 공부한 대만 2세대 한국 유학생들은 이제 중국에서 날개를 활짝 펴고 일을 하고 있기 때문이다. 중국은 우리에게 기회를 제공했고, 그 기회를 살린 우리는 중국전문가로 중국에 자리를 잡았다.

15년 전, 필자가 세상을 앞서 보고 기회를 잡았던 것처럼, 지금 우리는 어떤 기회를 잡을 수 있을지 고민해야 한다. 중국의 MBA는 이제 1세대도 지나지 않았다. MBA 졸업생들은 아직 중국에서 희소가치가 높으며, 중국의 경제발전에 국제사회에서의 위상격상으로 인한 프리미엄까지 더해 향후 그 가치가 더욱 높아질 것이라는 데 이의를 달 사람은 없을 것이다.

IT, 전자, 통신, 컨설팅, 금융 등 시대가 가장 인정하는 분야에 중국 MBA 출신들의 진출이 두드러진다. 그리고 중국의 고급 공무원, 은행의 총재와 부총재, 유명 기업의 CEO, 다국적기업의 고급관리자들이 앞 다투어 중국의 EMBA를 수강하고 있다. 또한 세계의 유수 기업들이 회사 비용으로 직원들을 중국 MBA에 보내고 있다. 한국기업도 예외가 아니다. 이런 현상은 당분간 멈추지 않을 것이며, 이 힘이 바로 중국 MBA의 힘이 될 것이다.

세 마리 토끼를 잡을 수 있는 중국의 MBA를 두고 미국이나 유럽의 MBA를 고려하는 것은 현 환경에서 시대를 역행하는 일이 아닐까?

세 마리 토끼란 첫째, 중국 MBA에서는 중국의 미래를 움직일 엘리트들과 현직의 영향력 있는 경영자들과 관시를 맺을 수 있다는 사실이다. 그 관시는 향후 당신의 승진이나 사업의 승패에 큰 영향을 미칠 것이 틀림없다. 둘째, 중국어와 영어실력을 동시에 키울 수 있다는 점이다. 중국에서 MBA 과정을 이수하려면 기본적으로 중국어나 영어가 필요하다. 그리고 영어가 필요한 IMBA의 경우에도 중국에서 중국어를 하는 것은 필수이기 때문이다. 셋째는 미국이나 유럽에 비해 저렴한 수업료와 생활비, 그리고 지리적인 근접성으로 인해 여러 가지 비용이 절감되어 투자비가 적게 들어간다는 점이다.

중국 MBA의 이런 이점과 중국의 중요성이 널리 알려지고 확인되면서 많은 우리 학생들이 중국 MBA를 통해서 중국 각 지역의 전문가로 탄생하기를 필자는 기대한다. 그러면 머지않아 중국 MBA 출신 우리 학생들이 한국과 중국을 움직이는 시대가 올 것이고, 중국은 더욱 확고한 우리의 성장 동력이 될 것이다.

중국과 중국 MBA는 여러분을 마냥 기다려주지는 않는다. 중국 MBA는 1세대도 지나지 않은 척박한 땅이지만, 그 척박한 땅에서 기회는 온다. 중국은 이제 큰 문을 하나씩 열어가고 있다. 그 시장을 분야별 전문가, 지역 전문가가 되어 누벼보자. 한국경제의 미래는 어쩌면 중국의 MBA를 준비하고 있는 당신이나 나의 손에 달려 있을 수도 있다.

"어떤 분야든, 생각하고 있으나 행동하지 않는 것은 의미가 없다. 남이 먼저 그 생각을 실행하는 순간, 그 생각은 나의 것이 아니기 때문이다."

essay · letter of

부록

- 에세이 견본
- 추천서 견본

ecommendation

MBA申请表个人论述部分

1. 请介绍一下您最突出的优点和缺点(例如：推理能力，数学才能，社交能力，管理能力等)。并请谈一下为什么要成为一名成功的企业家必须具备一定的基本素质。

(자신의 특출한 강점과 약점에 대해 기술하시오(추리능력, 수학재능, 사회교류, 관리능력 등). 성공한 기업가가 되려면 어떤 기본 자질이 있어야 하는지에 대해 기술하시오.)

我的长处是善于适应变化。我在管理和市场营销方面始终强调以效率和结果为目标来开展业务，所以为了达到目标，只要有更好的方法，就要果断的做好抛弃现有做法的准备。此外，我喜欢扩大交际面，倾听别人的想法并相互交流。我认为，为了成为一名成功的CEO，这些都是很必要的。而且，对于业务来说，也是非常具有积极意义的。

我的短处是偶尔会表现出独断的一面。我一旦认为是正确的的事情，就会坚持不懈。而有时我的判断也可能不对。在作出重要决定时，这可能会带来致命的后果。所以，我现在在作重要决定时，非常注意先多听不同的意见，多听不同人的意见。

好的企业家能够帮助职员用最简便的方法来实现目标。为了职员能最大程度的实现目标，应该提供各方面的支持。另外，应该能够始终作出正确的决定。企业好比一艘正在开的船，如果船长迷失了方向，船就会触礁沉没。另外，企业还应该对社会作出贡献，因为企业利润的最终源泉在于顾客。

2. 请介绍一下迄今为止您在工作中取得了哪些成就，在公司管理方面遇到过哪些困难，是如何解诀的。

(지금까지 업무에 종사하면서 어떤 성과가 있었는지, 회사를 관리하는 문제에 있어 어떤 어려움을 겪었고 그것을 어떻게 해결했는지에 대해 기술하시오.)

我在进入XX公司后，学到了很多东西。尤其是，因为我公司的业务大部分是通过海外机构进行的，我本人在到上海工作的两年半中得以取得了很多成果。

其中一个很大的成果是丰富的实践经验。通过大大小小的调查，我对中国的宏观和微观市场有了了解，同时，通过越来越多的韩中经贸交流方面的业务，我又开始了解更专业和微观的市场。

但是我最大的成果是和别人的关系。我一直和所帮助的韩国企业保持着很好关系，而我非常高兴，许多韩国企业和我介绍的良好的中国伙伴合作。另外一个成果是，通过和这里的政府部门，展览部门和经济部门等各机构负责人的接触，扩大了交际的范围。而这也正是我现在对MBA

感兴趣的很重要的原因。

在企业管理方面的一个难点是，由于外国人的关系，在开始阶段和职员多少有一些文化上的差异。虽然我已经习惯于韩国式的业务指示和执行的方式，但是开始发现，命令式的业务方式不利于业绩的提高，并开始为改变这样的情况而努力。我果断舍弃了从整体角度不必要的工作，并集中精力于重要的工作。并且，通过每周和职员一起进行"头脑风暴"(brainstorming)，使他们参与业务和有关诀策，这样，通过引进可以提高工作效率，达到结果最大化的方式，改进了工作模式。另外，为了使职员能够创造性的解诀问题，我给他们提供后援，使他们能主动积极的解决问题。尤其是，通过和职员保持和亲密朋友一样的关系，减轻了他们的工作压力。

3. 您的远期目标是什么? 请谈谈MBA学位将对您的个人目标带来什么帮助。

(자신의 최종 목표가 무엇인지, MBA 학위가 어떻게 자신의 목표에 도움을 줄 것인지에 대해 기술하시오.)

我的未来目标是凭借在韩中贸易机构积累的知识和经验，成为在韩国权威的CEO级的专家。XX大学的MBA课程具有很多优势。因为我既可以从中国权威的经济界人士那里得到经验，又可以将我自己的经验提供给他们。通过相互经验的共享可以学到很多东西。而另一个优势是，财大有一流的师资阵容，向他们可以学到很多必要的知识。另外，MBA学位也为我今后进一步攻读博士学位提供了连接前后的阶段。

4. 请谈一下您在学习过程中是如何解决时间不够的问题的。
(학업을 할 때 시간 부족 문제를 어떻게 해결할 것인지에 대해 기술하시오.)

最近韩国对中国, 特别是华东地区的贸易量不断增加, 我的业务量也在不断增加。虽然工作很忙, 而我仍然决心在中国学习MBA课程, 是因为我希望更多的学习有关中国的知识, 使自己得到发展。我认为, 自我发展永无止境。

当然, 时间可能不够, 并且, 由于自己是外国人, 在中文读写方面速度多少会慢一些, 从而时间可能更显不够。但是, 如果连这些问题都无法解决的话, 在未来的竞争中就无法生存下来。

如果没有特殊情况, 我蒋坚持每次上课, 为此也可以对其他安排进行调整。时间不够的话, 睡觉时间可以少一些。关键在于要顺利的修完全部的MBA课程, 以此为基础, 向我的未来目标再迈出一步。对于有志者来说, 时间的大门总是敞开的。

Why do I apply for MBA program of ○○ University?

Before coming to Shanghai, I have experienced working in a securities corporation and a bank in which I did some company analysis and investment projects. What impressed me deeply was that China's booming industry became very attractive to Korean economy very quickly. I have observed the competition between the two countries in export market. On the other hand, the relationship of the two nations was getting stronger.

Compared with China's current domestic market, that of Korea is much smaller. This is the reason why Korea concentrates on the exportation of products to other countries such as China, United States and European Union (EU). Under such circumstance, I thought the sudden development of China could be new opportunities, instead of threat, to Korea. These days, both countries are inseparably related to each other and China is the closest and biggest partner of Korea in the trade market. Furthermore, I think this relationship between the two countries will continuously be tight and effective.

It was natural that I became interested in Shanghai, which is the heart of Chinese economy, learning about China's rapid economic development through lots of mass media. Unfortunately, my job at the last company I worked for was not related to the business in China. So I had to decide to resign my position and come to Shanghai for study. But it was not easy for me because it meant a big challenge to me, which I have never experienced.

My father has run a garment company for female both in China and Korea for more than 3 years. Whenever I hesitated to make a decision about my career in the future, he always encouraged me to go forward. And sometimes he said to me, "I believe that no one who can't understand China will succeed in ten years. If you start to prepare for the future now, you can seize a golden chance earlier than others." His words were really helpful for me to come here for study. I really appreciate his support.

When I was working for companies, I always made an effort to learn the knowledge on the cutting edge and keep in touch with many professionals in different fields. I have come to the conclusion that the best way to learn business systematically and communicate with people who can share common interests with me is to take MBA courses in Shanghai. But first of all, I needed to learn the Chinese language that was totally new to me. So I decided to learn Chinese at Fudan University for 1 year and took a HSK test. Now it's time to apply for MBA courses in the business school of Shanghai ○ ○ University that is one of the most famous business schools in China.

My earnest wish is to become a respectable entrepreneur who can contribute to the community. In order to make my wish come true, experiences at MBA program will be indispensable and most helpful to me in terms of getting knowledge and associating with excellent people from all around the world.

In conclusion, I truly hope that I can share my professional experiences with the best faculties and alumni and learn the most advanced knowledge about business in China. I also hope that I will have a chance to contribute to them. Thank you very much.

Letter of Recommendation

MBA Admissions

O O University

Business School

Apr. 25, 2005

Dear Sir/Madame,

I am pleased to write this letter of recommendation for Mr. Hong, Gil Dong who would like to enter O O University MBA Program. I first met him in January 2005 while he joined our company as a trainee. Since then, even though the time I have worked with him is not long, I am truly sure that he has enough potential to be a good manager and professional experiences to contribute largely to his MBA alumni. At the same time, he is very concerned about the relation between China and Korea in economy, industry, plus culture.

He has been working for ○○○ as a research member. In several projects on market place and economy in China, he showed outstanding performance and strong commitment to the assignments with his analytical skills as well as professional experiences and knowledge. I really appreciate his contribution to our research team.

As I know, his previous career in financial sector such as a bank and a securities corporation can provide plenty of information about him. Together with that, I could also find out his capability and knowledge about economy and industries.

In our company, he has given positive impression to me and other members about not only his abilities but also integrity. He is always willing to help other members and does not hesitate to work overtime to complete his work. He has been in Shanghai for about 1 year only. So sometimes his assignment was not easy for him. But no matter what it was, he has done his best to make it.

I strongly support Mr. Hong to your business school. Now that he has established a basis to be a good manager, I hope that he could have a chance to study at ○○ University so that he can grow to be a prominent manager with global competency. I have no doubt that his self-motivated and initiative spirit shall make him succeed.

Sincerely,

KIM, GAP DOL

President for China

○ ○ ○

E-mail: aaa@bbb.com

Tel: 12-3456-7890

추천서 견본 2

Letter of Recommendation

Admissions Office

MBA Program

Apr. 15, 2005

To whom it may concern,

I am very pleased to recommend Mr. Hong, Gil Dong to your MBA program. I have known Mr. Hong since I worked with him in ○○ Bank. First time I met him, I was his instructor in orientation courses. He stood out among the trainees from the start. Since then, I have been in very close contact with him for about 7 years. I believe that I am the adequate person to evaluate his professional as well as personal abilities.

Mr. Hong has many distinguished qualities. First, he has excellent leadership capabilities and managerial skills. As the head of due diligence team in the process of Initial Public Offering (IPO), he successfully managed clients in several projects. I have received considerable positive feedback from clients praising his managerial skills. Also, he often managed 2 or 3 IPO and consulted projects simultaneously and always did a good job. I still cannot forget his effort of staying up late for a long time to complete assigned projects for clients and our team.

Second, he set high goals and had strong commitment to achieve them. His tenacious effort enabled us to continue making profit. We could see his potential to grow by solving difficult problems by applying his acquired knowledge and skills.

Third, he showed flexibility by pursuing diversity through an open minded attitude. He helped his team members break narrow-mindedness by sharing information vigorously and respected the interest of public instead of insisting on his opinion. In addition, his good intuition brought about creative work that amused his colleagues.

Fourth, he is a very analytical and pragmatic person. He had grasped the whole picture of the clients' companies after couple of weeks and made them know their own value, strength and weakness. Even though many clients were in information technology, manufacturing, and other areas that were not his major area of expertise, he did his best to understand the industry as well as products and services. Such effort made clients and our team members satisfied with the process and outputs.

Fifth, Mr. Hong is a good-natured person to work with. IPO and consulting is one of the toughest jobs mentally and physically. But, our team had wonderful time together thanks to his sense of humor. He also acted as a mediator between the elder and the younger consultants, since he was in the middle of the team in terms of position and age.

In conclusion, I fully support Mr. Hong's admission to your MBA program. His managerial expertise and well-balanced character will surely make him excel in business school. His unique and professional experiences will contribute greatly to his MBA classmates. I see him as a strong candidate with great potentials to succeed as a senior management in the future.

Thank you.

Sincerely,

KIM, GAP DOL

Director

ㅇ ㅇ Securities Co., Ltd

E-mail: aaa@bbb.com

Tel: 12-3456-7890